부처님 거울 속의 제자의 몸은
제자의 거울 속의 부처님에게
되돌아 귀의하는 이치를 알면
부처가 부처 이름 밝히심이네

예불송

예불송

초판 1쇄 | 2015년 5월 25일

편저자 | 안경애
발행인 | 설웅도
발행처 | 아침단청

출판등록 | 2011년 3월 28일(제2011-15호)
주소 | 서울시 서초구 서초중앙로29길 26 (반포동) 2층
전화번호 | 02-466-1278
팩스번호 | 02-466-1301
전자우편 | thedancheong@gmail.com

copyright©The Dancheong, 2015, printed in Korea

ISBN : 979-11-86194-01-0 03220

잘못 만들어진 책은 구입처나 본사에서 교환해 드립니다.

예불송

일심행 안경애 정리

아침단청

 예불송

1. 세 줄의 공덕 [自性 三歸依]

나의 바른 깨침을 드높입니다
나의 바른 슬기를 드높입니다
나의 바른 거님을 드높입니다

2. 네 가지 나의 소임

나의 색신은 모든 부처의 위의를 들내는 대행기관입니다
나의 색신은 모든 부처의 슬기를 세우는 대행기관입니다
나의 색신은 모든 부처의 솜씨를 굴리는 대행기관입니다
나의 색신은 모든 부처의 자비를 베푸는 대행기관입니다

3. 염불송

부처님 거울속의 제자의몸은
제자의 거울속의 부처님에게
되돌아 귀의하는 이치를알면
부처가 부처이름 밝히심이네

4. 십자송(十字頌)

온갖 중생은 본래로 부처러니
둘로 보아서 모습에 붙이이면 도깨비굴에 떨어진다
삼세로 낳고 꺼짐이라서 이 묘한 씀이러니
네 가지 갈래는 연을 따라 이뤄지네
다섯 쌓임이 어찌 해맑은 몸이 아니리요
육도만행도 문턱은 아니어늘
칠보의 보시는 그 이익이 많기는 하나
팔풍이 움직이지 아니해야 참으로 공덕이니라
누리의 영특스런 앎을 너는 의심치 말지니
시방의 숱한 세계는 마음가운데 밝더구나

一切衆生本來佛 일체중생본래불
二見着相落鬼窟 이견착상낙귀굴
三世出沒是妙用 삼세출몰시묘용
四種異類遂緣成 사종이류수연성
五蘊豈非淸淨身 오온기비청정신
六度萬行無關事 육도만행무관사
七寶布施其利多 칠보보시기리다
八風不動眞功德 팔풍부동진공덕
九霄靈知勿汝疑 구소영지물여의
十方沙界心中明 시방사계심중명

5. 십물계(十勿戒)

비록 마음과 몸을 빌었어도 본래의 드높은 자리임을 잊지 말라
비록 처자를 두었어도 쏠려봄에 떨어지지 말라
비록 가업을 이으나 삿된 이익을 탐하지 말라
비록 세상법으로 더불어도 큰 도를 버리지 말라
비록 천하에 노니나 법성품을 뭉개지 말라
비록 인연 일어남을 짝하나 악한 뿌리를 용납지 말라
비록 모습 없음을 마루하나 덕 심기를 게을리 말라
비록 삼매에 있으나 선의 새김을 세우지 말라
비록 지관을 즐기나 길이 사그라짐에 들지 말라
비록 낳고 죽음을 쓰나 더러운 거님을 하지 말라

雖藉心身勿忘本尊 수자심신물망본존
雖有妻子勿墮愛見 수유처자물타애견
雖承家業勿貪非利 수승가업물탐비리
雖與世典勿捨大道 수여세전물사대도
雖遊天下勿壞法性 수유천하물괴법성
雖伴緣起勿容惡根 수반연기물용악근
雖宗無相勿怠種德 수종무상물태종덕
雖在三昧勿立禪想 수재삼매물립선상
雖欣止觀勿入永滅 수흔지관물입영멸
雖用生死勿爲污行 수용생사물위오행

6. 동업보살의 서원

우리는 옛적부터 비로자나 법신이나
변하는 모습따라 뒤바뀌는 여김으로
갈팡질팡 생사해에 뜨잠기는 중생이니
좋은인연 그늘밑에 동업보살 되고지고
괴로운 첫울음은 인생살이 시작이요
서글픈 끝놀람은 이 세상을 등짐이니
들뜬마음 가라앉혀 보리도를 밝혀내고
부처땅에 들어가는 동업보살 되고지고

7. 마하반야바라밀다심경

 관자재보살은 깊이 반야바라밀다를 행할 때 다섯 쌓임이 모두 비었음을 비추어 보고 온갖 괴로움과 재앙을 건졌느니라. 사리자여, 것은 빔과 다르지 않고 빔은 것과 다르지 않으므로 것이 곧 빔이요 빔이 곧 것이니, 느낌 새김 거님과 알이도 또한 다시 이러니라.
 사리자여 이 모든 줄의 빈 모습은 생김도 아니고 꺼짐도 아니며, 더러움도 아니고 깨끗함도 아니며, 더함도 아니고 덜함도 아니니라.
 이런고로 빈 가운데는 것이 없으며, 느낌 새김 거님과 알이도 없으며, 눈 귀 코 혀 몸과 뜻도 없으며, 빛깔 소리 냄새 맛 닿질림과 요량도 없으며, 보임도 없고 나아가 알리임도 없으며, 안밝음도 없고 또한 안밝음의 가뭇도 없으며, 나아가 늙고 죽음도 없고 또한 늙고 죽음의 가뭇도 없으며, 괴로움 모임 꺼짐과 수도 없으며, 철도 없고 또한 얼음도 없느니라.
 얻을 바가 없음으로써 보살도를 닦는 이는 반야바라밀다를 밝힘으로써 마음에 걸림이 없고, 걸림이 없으므로 두려움이 없기에, 뒤바뀐 헛된 생각을 멀리 여의어서 마지막으로 열반에 들어가나니, 과거 현재 미래의 모든 부처도 이 반야바라밀다를 밝힘으로써 무상 정등 정각을 얻느니라.
 알지어다 반야바라밀다는 가장 놀라운 주문이요, 가장 밝은 주문이요, 가장 높은 주문이요, 무엇과도 견줄 수 없는 주문으로 능히 온갖 괴로움을 없애니, 진실하여 허망하지 않은지라, 이에 반야바라밀다의 주문을 설하여 가로되,
 아제 아제 바라아제 바라승아제 모디 사바하 (삼창)

8. 원을 세우는 말귀

원을 크게 세웁니다 (삼창)
비로자나 자성불이 노사나 수용불로
이름세워 나투신 삼계도사 석가모니불과
무루지혜 유마거사를 정법으로 받드옵고
마음속에 깊이새겨 지극정진 하오리다
좋은나라 세우시는 아미타불
널리사랑 하옵시는 관세음보살
삼도지옥 여의시는 대세지보살
묘한솜씨 펴옵시는 문수보살
덕과목숨 이으시는 보현보살
선정해탈 하옵시는 지장보살
다음오실 교주이신 미륵보살
제불보살 마하살은 이내몸의 참면목을
하루속히 되밝혀서 견성성도 하게스리
가피력을 베푸소서 (삼창)

9. 누리의 주인공

해말쑥한 성품중에 산하대지 이루우고
또한몸도 나투어서 울고웃고 가노매라
당장의 마음이라 하늘땅의 임자인걸
멍청한 사람들은 몸밖에서 찾는고야

10. 보림삼강(寶林三綱)

우리는 불도를 바탕으로 인생의 존엄성을 선양한다
우리는 삼계의 주인공임을 자부하고 만법을 굴린다
우리는 대승의 범부는 될지언정 소승의 성과는 탐하지 않는다

11. 네 가지 큰 다짐

가없는 중생을 기어이 건지리다
끝없는 번뇌를 기어이 끊으리다
한없는 법문을 기어이 배우리다
위없는 불도를 기어이 이루리다

머리말

오늘도
예불송으로 예불을 드리면서 하루를 엽니다.
예불송으로 예불을 드리면서 나의 갈 길을 바라봅니다.

나의 색신의 입을 빌려
부처님께서 말없는 법문을 설하십니다.
마디마디 간곡한 말씀에
마음이 따뜻한 강물 되어 허공에 흐릅니다.

예불드리는 시간은
하루 중 가장 소중한 때입니다.

매일
부처님을 친견한다면
누가
뵙지 않겠습니까?
아름다운 기다림으로 설레입니다.

한국의 현대불교를 새롭게 밝힌 백봉 김기추 선생님은 57세에 깨달음을 얻고, 78세에 입적하실 때까지 재가자와 청년 불자를 위하여 부처님의 정법을 널리 전하셨습니다. 선생님은 학인들의 올바른 안목을 틔워 주기 위해 철저한 당신 살림살이와, 독창적이면서 분명하고 명쾌한 선지(禪旨)로 열정적인 사자후를 토해내셨습니다. 세간과 타협하지 않되 세간을 끌어안으며 자비와 열정으로 정법수호의 오롯한 길을 가셨습니다.

특히 선생님은 요즘 시대에 알맞은 새로운 수행 방편인 거사풍과 새말귀[新話頭]를 주창함으로써 현대의 많은 사람들이 대도에 들어올 수 있는 길을 열어놓았습니다.
거사풍은 재가자들이 가정과 생업을 지켜가는 바쁜 세간살이 가운데서도 올바른 수단방편으로 깨달음을 얻을 수 있는 길이며, 새말귀는 내가 바로 부처인 도리를 알아서, 부처임을 깊이 믿고 결정하여 부처행을 하는 수행법입니다.
예불송은 밥 먹고 일하는 것이 곧 견성의 도리가 되는 이치를 드러내어 일상생활에서 어떻게 부처행을 굴릴 것인가를 잘 보여주고 있습니다.

선생님을 처음 뵙고 공부를 시작한 것은 대학 3학년 때였습니다. 그 후 결혼과 함께 선생님 문하를 떠나 4대의 대가족과 함께하는 바쁜 생활 가운데서도 공부의 끈을 놓지 않을 수 있었던 것은 불보살님의 가피와 예불송 덕분이었습니다.

예불송을 독송하면 흐트러진 마음자세가 제자리로 돌아오곤 했습니다. 미처 예불을 드리지 못할 때에는 설거지를 하면서도, 아이 기저귀를 갈면서도, 걸으면서도, 전철 속에서도, 하루도 빠짐없이 예불송을 독송했습니다.

예불이란 불법의 중요한 수행방편 중의 하나입니다. 매일 행하면 깜깜한 바다 위를 비추는 등대와 같습니다. 아침마다 하나씩 향을 피우다 보면 수백 개의 향이 바닥을 보입니다. 그 사이 나도 모르게 부처님의 가르침에 한발 한발 다가감을 느낍니다. 자성 삼귀의를 시작으로 네 가지 나의 소임, 염불송, 십자송과 십물계, 동업보살의 서원을 세우면서 하루에도 몇 번씩 허공으로서의 나를 되밝히고 내 삶의 주인으로서 세상살이의 모습을 잘 굴릴 것을 다짐했습니다. 예불송과 함께한 지 어느덧 30여 년이 흘렀습니다. 앞으로도 예불송과 함께 세월을 굴리면서 나아갈 것입니다.

예불송에는 허공성의 이치를 깨쳐서 자성을 되밝히고, 절대평등성 자리에 앉아서 되돌아 허공성인 일체만법을 굴리는 선생님의 법의 향기가 고스란히 담겨져 있습니다. 불법의 요체(要諦)가 그대로 잘 드러나 있는 예불송을 독송하면서 음미하면 세상살이 가운데서도 누구든지 불법의 윤곽과 바탕을 마련할 수 있을 것입니다.

불보 법보 승보가 모두 나의 것인 세줄의 공덕(자성삼귀의).

부처의 대행기관으로서 나의 색신을 굴리는 네가지 나의 소임.

내 부처가 내 부처에게 귀의하는 염불송.

팔만대장경을 열 줄의 노래에 담은 십자송.

본래의 드높은 자리에 앉아서 세상살이의 모습을 잘 굴리는 십물계.

누리의 주인공의 큰 원을 세우는 동업보살의 서원.

본래의 소식자리를 그대로 역력하게 나툰 마하반야바라밀다심경.

나와 둘이 아닌 불보살님의 원력과 가피로 견성성도의 원을 세우는 말귀.

당장의 마음이 바로 본래의 소식인 누리의 주인공.

인생의 존엄성을 드높이고 삼계의 주인공으로서 만법을 굴리는 보림삼강.

상구보리(上求菩提) 하화중생(下化衆生)의 네가지 큰 다짐.

예불송을 꾸준히 독송하면 자기도 모르는 사이에 살아있는 내 살림살이를 굴리게 될 것입니다.

부처님의 정법을 널리 전법하고 생활 속에서 새말귀를 잘 굴릴 수 있도록 그리고 예불송과 그 뜻을 알리기 위하여 예불송 법문을 정리하고자 하는 바람을 늘 가지고 있었습니다. 2015년은 선생님께서 돌아가신 지 30주년이 되는 해입니다. 이를 추모하기 위해서 예불송 법어집을 출간하게 되었습니다.

백봉 선생님의 법문을 생생하게 전하기 위하여 구어체 그대로 살리되 요즘 사람들이 이해하기 어려운 어법이나 사투리 등은 일부 수정하였습니다. 그러나 선생님께서 새로 쓰신 용어나 독특한 어투는 그대로 실었습니다.

예불송 법문을 정리하고 출판할 수 있도록 여러가지로 도움을 주시고 후원해주신 보림선원 선후배 도반님들께 감사드립니다. 부처님의 정법과 선생님이 주창하신 새로운 공부 방편인 거사풍과 새말귀가 널리 전법되기를 바랍니다.

많은 이들이 예불송을 독송하고 참면목을 하루속히 되밝혀서, 자유로운 삶의 주인으로서 모든 생명들과 더불어 건강하고 따뜻한 세상을 이루어 가기를 서원합니다.

백만자성등이 환하게 밝혀지이다.

2015년 3월
일심행 안경애 두 손 모음

차례

예불송전문 • 8
머리말 • 15

1장
세 줄의 공덕
自性 三歸依

자성삼보(自性三寶) • 27
나의 바른 깨침(불보) • 31
나의 바른 슬기(법보) • 34
나의 바른 거님(승보) • 37
허공이 하나니 지도리[樞]가 하나다 • 40

2장
네 가지
나의 소임

일체만법 허공성이다 • 51
나의 색신은 부처의 대행기관 • 54

3장

염불송

허공과 성품은 하나다 • 61
진짜 부처는 모습이 없다 • 67
공덕 중의 공덕 • 70
모든 부처를 끌어안을 수 있는 나 • 73
진짜 예불 • 78
진짜 염불 • 86
여래 재출현(如來 再出現) • 90

4장

십자송
十字頌

마음과 허공은 하나 • 103
여래 지혜덕상(智慧德相)의 바탕(體)과 쓰임(用) • 106
십자송 • 111

5장

십물계 • 121
十勿戒

6장

**동업보살의
서원**

도솔천에서 만납시다 • 141
청정심으로 청정행을 굴리다 • 149

7장

**마하반야
바라밀다심경** • 153

8장
원을 세우는 말귀 · 185

9장
누리의 주인공

우리는 누리의 주인공 · 193
하늘땅의 앞 소식 · 199
마음을 찾으려면 허공을 걸어잡아라 · 208
절대성과 상대성은 하나 · 212
나는 '허공으로서의 나'다 · 222
보살은 지혜를 국토로 삼는다 · 232
큰 마음, 큰 믿음, 큰 지혜, 큰 원 · 236

10장
보림삼강, 네 가지 큰 다짐 · 257

1장

세 줄의 공덕
自性三歸依

나의 바른 깨침을 드높입니다
나의 바른 슬기를 드높입니다
나의 바른 거님을 드높입니다

자성삼보(自性三寶)

'나의 바른 깨침을 드높입니다'
불보(佛寶)란 무엇인가?
깨달은 자리가 곧 불보입니다.
깨달은 자리는 어디 있는가? 우리 모두가 가지고 있습니다.

누구나 아침에 일어날 줄 알고, 밥 할 줄도 알고, 회사에 나갈 줄도 알며, 사업도 할 줄 알아요. 이렇게 먹고 자고 말하고 움직이는 우리의 모든 행동이 바로 깨달은 자리가 하는 것입니다.
깨달은 자리를 '나'라고도 할 수 있지만, 막상 깨달은 자리의 당처(當處)를 걷어잡으려고 하면 그 자리는 빛깔도 소리도 냄새도 없는거에요.

이 자리는 '있는 것도 아니고 없는 것도 아니고, 아는 것도 아니고 모르는 것도 아닙니다'
얘기가 이렇게 들어가면 처음 듣는 사람들은 지극히 어렵다고 느낄 겁니다. 어려운 정도가 아니라 도대체 이해가 되지 않는다고 생각할 사람도 있을 거예요. 그러나 어찌됐든 이런 식으로 죽 밀고 나가는 수밖에 없습니다. 그러지 않고 알아듣기 쉬운 인과설법(因果說法) 같은 것만 자꾸 하다보면, 듣는 사람은 마냥 거기 들어앉아서 헤어나지 못하거든요.

우리는 경계에 닿질려서 일어나는 생각을 가지든 가지지 않든, 또 어떤 생각을 일으켜서 온갖 일을 합니다. 이렇게 '법을 굴리는' 이 자리가 깨달은 자리입니다.

'나의 바른 슬기를 드높입니다'

법보(法寶)란 무엇인가?
우리는 중생지견(衆生知見)이 있기 때문에 모습을 참된 것으로 봅니다.
하지만 지구도 실(實)다운 것이 아니에요. 실다운 것이 아니기 때문에 언젠가는 없어집니다. 태양도 실다운 것이 아니기 때문에 결국엔 없어질 것이고, 우리 몸뚱이도 실다운 것이 아니기 때문에 늙어갑니다.
또 꽃이든 나무든 돌이든 실다운 것이 아니기 때문에 자꾸 변하는데, 이렇게 변해가는 모습을 참이라고 보는 것이 중생지견입니다.

사실은 태양도 헛것입니다. 지구도 헛것입니다. 태양과 지구가 어디서 왔는지는 과학이 잘 밝혀놓았지만, 우리는 지구의 있는 모습을 그대로 인정은 하되, 사실은 헛것이고 실답지 않은 것, 다시 말해 허공성(虛空性)으로 봐야 합니다.
우리 몸도 그대로 두고 허공성으로 볼 줄 알아야 합니다.
난초든 나무든 돌이든 다니는 버스든지 뭣이든지 '그 모습을 그대로 두고 헛것으로 볼 줄 아는 것', 이것이 법보입니다.

'나의 바른 거님을 드높입니다'
승보(僧寶)란 무엇인가?
불보는 깨달은 자리, 곧 깨달은 보배이고, 법보가 법의 보배라는 걸 알고 '그대로 행하는 것'이 승보입니다.
그렇지만 보통 사람들은 '불보는 따로 뭣이 계신가보다. 법보는 따로 뭣이 계신가보다. 승보는 따로 뭣이 계신가보다.' 이렇게 생각합니다. 만약 이런 식으로 생각하고 있다면 불교 공부하지 않는 편이 낫습니다. 차라리 모르는 게 나아요. 모르면 모르는 대로 순수한 인간성이라도 지킬 수 있겠지만, 알아야 할 것은 모르고 더욱이 거꾸로 알았다 하면 그 결과가 어떻게 되겠습니까?
그런 인(因)을 심으면 엉뚱한 과(果), 나쁜 과가 나타날 수밖에 없지 않겠어요?

불보, 법보, 승보를 따로 있는 것처럼 생각하면 잘못된 겁니다.

나의 바른 깨침

불보(佛寶)
크게둥근 거울슬기 바탕이라 금강일새
휘영청이 밝으면서 본래지음 없는구나
삼천계를 싸고서도 모든생각 끊겼으니
스스로의 정각이라 너의불보 틀림없다
大圓鏡智體金剛 대원경지체금강
虛徹靈通本無作 허철영통본무작
包盡三界絕思議 포진삼계절사의
自心正覺汝佛寶 자심정각여불보

'크게 둥근 거울 슬기 바탕이라 금강일새'
크게 둥근 거울 슬기, 거울과 같이 둥글둥글합니다. 끝이 없고 한정이 없어요. 거울과 같은 슬기는 바로 금강체(金剛體)라, '변할 줄 모른다' 그 말입니다.

'휘영청이 밝으면서 본래지음 없는구나'
이 자리는 휘영청 밝아요. 하지만 밝다고 해서 꼭 빛깔만 말하는 것이 아닙니다. '사리(事理), 즉 사(事)와 이(理)가 환하다' 이걸 뜻하는 거예요.
여기서 밝다는 것은, 태양이나 불빛처럼 밝은 것이 아니고, 또 어둠과 같이 어두운 것이 아닙니다.

어두운 것도 하나의 빛깔입니다. 그건 어두운 빛깔이에요.

밝은 것도 하나의 빛깔입니다. 그건 밝은 빛깔이에요.

그러니 밝은 것도 하나의 모습이고 어두운 것도 하나의 모습입니다.

그 자리는 밝은 것도 아니고 어두운 것도 아닙니다.

밝은 것도 아니고 어두운 것도 아니기 때문에, 밝은 것이 오면 밝은 것을 받아들이고 어두운 것이 오면 어두운 것을 받아들입니다. 이 도리를 알면 정말 재미있습니다. 이 도리를 확실히 깨닫게 되면 우리가 어디서 왔다는 것을 비로소 알게 되거든요.

그렇기 때문에,

'삼천계를 싸고서도 모든 생각 끊겼으니'

그 자리는 어두운 것도 아니고 밝은 것도 아닙니다.

있는 것도 아니고 없는 것도 아닙니다.

아는 것도 아니고 모르는 것도 아닙니다.

큰 것도 아니고 작은 것도 아닙니다.

남자도 아니고 여자도 아닙니다.

무정물(無情物)[1] 도 아니고 유정물(有情物)[2] 도 아닙니다.

이것이 '절대성 자리'입니다.

---

1 초목, 광물 등과 같이 감각과 의식이 없는 존재. 유정물에 대비되는 용어.
2 사람, 동물 등 감각과 의식을 지닌 생명체를 총칭. 유정(有情)은 중생(衆生)과 같은 뜻으로도 쓰인다.

처음 이런 말을 듣는 분은 어리둥절할 지도 모르겠어요. 하지만 우선 말마디만이라도 귀에 넣어놓았다가 자꾸 생각해 보면, 여러분 스스로 이것을 납득하게 되는 거에요. 이 자리는 말마디가 끊어진 자리에요. 그래서 '삼계를 싸고 있는데 생각이 끊어졌다'고 말한 거예요.
그렇기 때문에 이것이,

'스스로의 정각이라 너의 불보 틀림없다'
여러분 스스로의 마음을 깨친 것, 그것이 바로 너의 불보다.
너 여(汝)자를 일부러 넣었어요. 다른 데 휘둘려서 사(事)적으로 믿을까봐 '너의 불보다'라고 한 것입니다. 활자화까지 시킨 뜻이 여기에 있습니다.
우리는 무엇을 걷어잡든 '상대성을 걷어잡아서 절대성으로 들어가는 도리'를 항상 굴려야 됩니다.

나의 바른 슬기

법보(法寶)

　삼독일랑 멀리하고 삿된소견 끊어내면
　모래수의 거룩한덕 일로좇아 오는구나
　천번만번 변하여도 변하면서 아니가니
　스스로의 정법이라 너의법보 틀림없다
　遠離三毒斷邪見 원리삼독단사견
　恒沙聖德從此來 항사성덕종차래
　千變萬變變不去 천변만변변불거
　自心正法汝法寶 자심정법여법보

'삼독일랑 멀리하고 삿된 소견 끊어내면'
탐욕, 성냄, 어리석음[貪瞋癡]의 삼독심(三毒心)을 멀리해서 삿된 생각 끊어내면,

'모래 수의 거룩한 덕 일로 좇아오는구나'
갠지스 강(恒河)의 모래알처럼 많은 수의 거룩한 덕, 거룩한 슬기가 이리로 좇아온다 그 말입니다. 그러기 때문에,

'천번만번 변하여도 변하면서 아니 가니'
천 번 변하고 만 번 변하여도 변하면서 가지 않습니다.

우리는 탐진치도 멀리해야겠지만, '나다, 너다' 하는 모습, 나는 그대로 헛것이면서 헛것을 인정할 줄 알아야 되고, 다른 것도 헛것으로 인정은 할지언정, '이 모습이 진짜 나다, 이 모습이 정말 너다' 하는 생각일랑 딱 끊어내야 해요.
'나다, 너다' 하는 이 생각을 끊어내면 어떻게 될까요?
항하의 모래수 같은 지혜가 쏟아집니다.
참으로 이상합니다. 불가사의한 일이예요.

천 번 변하고 만 번 변하나 변해서 가지 않고, 천 번 변하고 만 번 변하나 변해서 오지 않는 도리가 여기 있습니다. 우리 몸뚱이는 천 번 변하고 만 번 변해서 어린애 몸도 나투고, 젊은 몸도 나투고, 늙은 몸도 나투고, 결국에는 죽은 시체도 나투지요. 몸뚱이가 죽고 살고 죽고 살고, 그것이 한 번 두 번뿐만이 아닙니다. 수천억 번 우리가 몸을 나투었거든요.
그러나 거기 변하지 않는 놈이 하나 있어서,
천 번 변하고 만 번 변하나 변해서 가지 않습니다.
이렇게 아는 것이 바로 법보예요.

그러니까 여러분들은 모든 모습을 볼 때 '이것이 실다운 것이 아니다'라고 생각해야 합니다. 모든 모습이 실답지 않으니 내 모습(몸)도 실다운 것이 아니라는 사실이 분명하지 않은가요? 여러분들이 이렇게 알아 가면, 어디서도 들어 본 적이 없던 지혜가 그대로 쏟아져 나옵니다. 그렇게 되는 거예요. 조금도 의심할 여지가 없습니다. 이 자리가 어떤 자리라고 여러분들에게 거짓말 하겠습니까? 설혹 내가 거짓말 한다고 여러분들이 내 거짓말에 속아 넘어갈 리도 없고 말이죠.
불보, 법보가 있기 때문에 우리가 색신을 나툰 것이거든요.
그러기 때문에,

'스스로의 정법이라 너의 법보 틀림없네'
이것이 바로 정법(正法)이라, 여러분의 법보가 틀림없다 그 말입니다. 그러면 불보도 우리가 가지고 있고, 법보도 우리가 지니고 있다는 결과가 나오게 됩니다.

승보(僧寶)는 그대로 실행하는 것이거든요. 어떤 사람들은 승보를 중(衆)을 뜻하는 것이라고 하는데, 중은 행(行)하는 겁니다. 내가 수행해서 닦아나가는 것을 뜻하는 거예요. 중이라는 건 원래 화목을 뜻하는 것인데, 화목하면서 실행에 옮기는 겁니다. 요즘 우리 사회적으로 말하면 정도(正道)를 실행에 옮기는 것, 닦아나가는 것을 뜻합니다.

나의 바른 거님

승보(僧寶)
기틀응한 물건마다 접해씀이 무궁할새
온갖곳에 안머물되 판가름을 잘하오며
연을따라 연을짓고 중생들을 제도하니
스스로의 정수이라 너의승보 틀림없다
應機接物用無窮 응기접물용무궁
不住一切善分別 부주일체선분별
隨緣作緣度衆生 수연작연도중생
自心正修汝僧寶 자심정수여승보

'기틀 응한 물건마다 접해 씀이 무궁할새'
기틀에 응해서 물건마다 접했어요. 모든 물건마다 여러분의 기틀이 다 응해 있다 말이죠. 그래서 그걸 써요. 그렇게 기틀이 응해 있기 때문에 알기도 하고, 좋아하기도 하고, 싫어하기도 하는 것입니다.

'온갖 곳에 안 머물되 판가름을 잘하오며'
일체처(一切處), 어떤 곳에도 머물지 않고 분별하지 않는다 그 말입니다.
'판가름을 잘 하면'은 '분별을 잘 하면' 그 말이고요.

'연을 따라 연을 짓고 중생들을 제도하니'
인연에 따라서 중생을 제도한다, 이것이 승보입니다. 다른 것 아니에요.

'스스로의 정수이라 너의 승보 틀림없다'
'나의 법신은 무변법신(無邊法身)이다. 가없는 법신이다. 나의 진짜 몸뚱이는 바로 허공과 같은 것이다' 이런 생각에 실감이 딱 오면, 산하대지, 지구나 태양 북두칠성이나, 지옥이나 천당, 무엇이나 다 여러분 속에 있게 됩니다. 그런데 이 정도로 알기가 좀 어려워요. 어렵지만 사실이 그러하니 어쩔 도리가 없습니다. 우리가 참선한다, 염불한다 하는 것도 이 소식을 깨치기 위한 하나의 방편에 지나지 않아요. 딱 깨쳐 버리면 그만입니다.

여기서 중요한 것이 하나 있는데, 여러분들 원효대사 아시죠? 원효대사가 의상대사하고 중국에 공부하러 가다가 하룻밤 공동묘지에서 잤어요. 묘 안에 들어가서 자다가 목이 마르니까 물을 먹었지요. 다음날 물 먹던 생각이 나서 보니 해골바가지거든. 당장 구역질이 올라왔습니다. 하지만 원효대사가 공부하는 분이 돼놓으니,
"아하, 이거 전부 마음의 조화로구나. 어제 물을 먹을 때도 내 마음으로 먹었어. 또 물을 맛있게 생각한 것도 내 마음이 생각했어. 아침에 물 생각이 난 것도 내 마음이다. 그런데 어제는 구역질이

안 나더니 지금 왜 구역질이 나는가? 아하, 모든 것이 다 마음의 조화로구나."
여기서 깨쳤습니다. 깨치고 나서는,
"나는 더 이상 공부할 필요 없다. 선지식 찾아 갈 필요 없다. 이만하면 다 알았으니, 바로 부처님의 경계 아닌가. 내가 뭐하려고 사람을 찾아갈 것인가?"
그 자리에서 신라로 되돌아왔습니다.

의상대사는 그대로 중국으로 갔고, 화엄종에 능통한 사람을 만나서 공부하고 나중에 돌아왔어요. 원효대사는 그대로 돌아왔습니다. 이것이 말이 간단해서 그렇지 깊은 뜻이 있어요. 원효대사는 누구로부터 인가 받은 일이 없습니다.
그런데 원효대사를 참으로 인정하고 알아주는 분은 우리나라에도 있겠지만, 중국에서 제일 많이 알아주고, 일본에서도 아주 많이 알아줍니다.

허공이 하나니 지도리[樞]가 하나다

여러분들이 여기 와서 설법 듣는 이유는 마음자리 하나 과학적으로 딱 실감나도록 인정하기 위해서입니다. 이 마음자리, 여러분들이 지금 가지고 있는 '불보 법보 승보가 바로 내 것이다. 다른 누구의 것이 아니고 바로 내 것이다.' 이렇게만 생각하면 바로 이 자리에서 견성(見性)합니다.

여러분 공부해서 뭐 하렵니까? 도리어 공부 안 하는 공부해야 합니다.

공부하는 공부, 공부도 역시 유위법(有爲法), 다시 말해 하염있는 법입니다.

하지만 마음자리 그 자리는 어디까지나 무위법(無爲法)입니다.

여러분에겐 이미 색신(色身) 이대로 '불보 법보 승보' 다 갖추어진 거 아닌가요? 불보니, 법보니, 승보니 이름만 틀린 겁니다.

그러니 여러분의 존재가 얼마나 무서운 존재입니까?

여러분은 그야말로 석가세존이 하늘을 가리키고 땅을 가리키며 '하늘 위와 하늘 아래 오직 나 홀로 높다[天上天下 唯我獨尊 천상천하 유아독존]고 말씀한 바로 그런 존재입니다. 그렇게 존귀한 마음자리를 사람마다 다 가지고 있는데, 자기가 가지고 있다는 걸 까마득히 잊어버리고 공연히 다른 데서 찾고 있단 말이죠.

다른 데서 천년만년 찾아본들 무엇이 나오겠습니까?

우리는 영리해야 됩니다.
죽어도 내가 죽고 살아도 내가 사는데, 어리석게 왜 내 마음 밖을 향해서 법을 찾겠는가? 그 말입니다.

이(理)가 없이는 사(事)를 나툴 수 없고, 사(事)가 없으면 이(理)의 살림살이가 안 됩니다. 그러니 이 곧 사요 사 곧 이입니다.
성(性)과 상(相)도 마찬가지예요. 성은 이(理)고 상은 사(事)거든요. 그러니까 이걸 잘 화합해서 쓰는 것이 바로 승보입니다.

결국 불법승(佛法僧) 전부 우리가 가지고 있습니다. 전부 가지고 있어요. 그러니 우리는 절에 가서 절을 할 때 내가 가지고 있는 '불보 법보 승보'에게 절할 줄 알아야 합니다.

나의 불보, 나의 법보, 나의 승보는 그대로 허공에 가득합니다.
허공으로 더불어서 가득하니,
저 태양이 나의 태양이지 남의 태양인가요?
저 부는 바람이 나의 바람이지 남의 바람인가요?
저 비가 나의 비지 남의 비인가요?
저 꽃이 나의 꽃이지 남의 꽃인가요?
저 뛰어다니는 망아지가 나의 망아지지 남의 망아지인가요?
풀꽃 하나 자갈 하나가 전부 나의 것이지 어찌 남의 것인가요?
남의 것은 아무 것도 없습니다.

왜 그러한가? 나는 허공으로 더불어서 가득하기 때문입니다.
하나의 빈틈이 없어요. 빈틈이 있으려야 있을 수가 없습니다.
이걸 깨닫는다면 부는 바람, 오는 비, 가는 사람이 전부 내 것입니다.
어느 것 하나 남의 것이 없어요.
술 먹고 지랄하더라도 내 것입니다.
그래서 "그래, 그래" 이렇게 되는 것이지요.
그렇지 않고 참말로 너는 너고, 나는 나라면 큰 싸움 날 겁니다.
그까짓 거 상대할 필요 없어요.
어느 것 하나 내 것 아닌 것이 없어요. 전부 나의 보배입니다.

나의 법신이 허공으로 가득하거든요. 전부 내 것입니다. 어느 걸 두 법으로 보겠는가? 두 법으로 볼 수 없습니다.
불보는 어디 있으며, 법보는 어디 있으며, 승보는 어디 있는가요?
다 하나입니다.
또 과학적으로도 그렇거든요. 우리가 이렇게 깨쳐나간다면 어찌 견성하지 못하겠는가 이 말입니다. 벌써 견성 다 하고도 남았지요.

이 이상 어디 다른 곳에 진리가 있는가요?
다른 것이 없습니다. 다른 것이 있다면, 그건 모습을 굴리는 씀씀이, 용상면(用相面)에서 그런 겁니다. 팔만대장경도 다 방편일 뿐입니다.

우리가 어떤 절에 가면 그 절 집안의 풍속을 따라줘야 됩니다. 다른 절에 가면 다시 그 절의 풍속을 따라줘야 됩니다. 그러니 절에서 "불보님" 하면서 목탁치고 할 때 같이 절해야 됩니다. "법보님" 할 때 절해야 됩니다. 또 "승보님" 할 때 함께 절해야 됩니다. 하지만 절하면서도 이 도리를 알고 절해야 됩니다.
그러면 절하는 것이 어떻게 되는가?
자기가 자기에게 절하는 것이 됩니다.

왜 그럴까요? 이미 내가 부처거든요. 부처님하고 나하고 둘이 아니기 때문이에요. 색신으로 볼 때 부처님에겐 삼십이상(三十二相)[3] 팔십종호(八十種好)[4]가 있지만 우리는 그렇지 못합니다. 그러나 법신자리로 봐서는 부처님의 법신하고 내 법신하고 둘로 갈라놓지 못하는 겁니다. 다만 명호(名號)만이 있을 따름입니다. "관세음보살" 하면 관세음보살의 명호만이 있을 따름이에요.
 우리와 불보살(佛菩薩)이 명호와 모습에 있어 각자 다르다고 해도, 그 체성면(體性面)[5] 자리는 완전히 하나입니다. 둘로 갈라놓을 도리가 없어요. 하나뿐인 허공을 두고 이건 미국 허공이다, 영국

---

3 부처님의 몸에 갖춰진 32가지 독특한 특징
4 역시 부처님 몸에 갖춰진 80가지 좋은 형상. 삼십이상에 비해 은밀하여 알아보기 어렵다고도 한다.
5 본바탕. 혹은 작용을 일으키는 주체

허공이다, 일본 허공이다, 한국 허공이다 갈라놓을 수 없는 거나 꼭 마찬가지입니다. 모습이 있으니 가깝다 멀다 하지만, 모습이 없다면 허공 하나뿐인 거예요.

그러니 "불보님, 법보님, 승보님" 하고 절하는 것은 결국 자기가 자기에게 절하는 것입니다. 사실 그 당처는 하나인데 차별현상으로 부처님도 나투고 나도 나투어서, 되돌아 부처님을 참으로 좋아하게 되는 거예요. 상대성으로 부처님이 따로 있고 나도 따로 있다고 한다면, 그건 이미 법을 두 개로 보는 겁니다. 두 개로 보면 진리에 어긋납니다. 만약 법을 두 개로 본다면 허공이 둘 있어야 돼요.

허공이 둘 있나요? 그렇지 않습니다.
'허공이 하나니 지도리[樞]도 하나'입니다.
지도리란 진리란 말입니다. 그런데 우리는 진리라는 말을 쓰지 않습니다.
그 당처(當處)는 진리도 떠난 자리입니다.
진리(眞理) 하면 가리(假理)가 있게 됩니다.
참 하면 거짓, 상대성(相對性)입니다.
남자 하면 여자, 상대성입니다.
밤 하면 낮, 상대성입니다.
그렇기 때문에 이 지도리 자리, 절대 진리 그 자리는 진리니 뭐이니 하는 명자와 말마디를 다 떠난 자리입니다. 안다 모른다 하는 것도 떠난 자리입니다.

그래서 지도리란 말을 씁니다. 지도리란 우리말입니다. 중추원이다, 추기경이다 할 때 쓰는 한자가, 바로 지도리 추(樞)자입니다. 우리 할아버지들이 우리글을 무시해 버리고 한문자만 숭상하는 바람에 지도리란 이 말이 쓰이지 않게 됐습니다. 그러나 한자 추(樞)자는 많이 씁니다. 천주교에서 추기경이라고 할 때 바로 그 추자를 써요.

우리는 진리라는 말을 잘 쓰지 않지만 상대를 굴리는 데는 씁니다. 그러나 상대를 떠난 자리를 말할 때는 지도리라고 해야 맞습니다.

세간에 성현들이 많이 있다 해도 전부 상대성을 바탕으로 한 성현들이에요. 물론 우리는 그 분들을 존경해야 합니다. 상대성을 바탕으로 한 성현들이라 하더라도 상대성을 아름답게 꾸미기 위해서 무척 애를 썼어요. 그것만큼은 우리가 인정해야 합니다. 그러나 부처님은 그렇지 않습니다. '절대성(絶對性)을 바탕으로 상대성(相對性)을 굴리는 법'을 말씀했어요.

그러니 우리도 이 도리를 알면 절대성을 바탕으로 상대성을 굴리는 겁니다. 몸뚱이는 상대성에 속하는 것입니다. 그래서 났다 죽었다, 났다 죽었다 합니다. 남자 몸도 받고 여자 몸도 받으면서 내가 잘 쓰지요. 입을 빌어서 말하는 이 자리는 죽는 것이 아닙니다. 절대성 자리이기 때문이지요. 부처님이 이 세상에 오시지 않았다면 이런 사실 몰랐을 겁니다. 부처님 덕분에 이걸 우리가 알게 된 거지요.

그러나 다른 성현들은 그런 건 꿈에도 생각하지 못합니다.
'모든 것이 그냥 그대로 진리다' 하니까 "어떻게 이 진리를 미화시켜 봐야 되겠다. 또 더 나아가서는 죽지 않는 도리를 연구해 봐야 되겠다"고들 하지만 절대성 자리를 모르는데 무슨 연구가 되겠어요? 결국 어떤 위대한 신을 하나 꾸며 놓고 거기 의지하는 수밖에 도리가 없거든요.

그런 건 근본적으로 틀린 문제니 더 말할 게 없지만, 요즘에는 지식이 발달했기 때문에 이런 말 하면 사람들이 대부분 알아듣습니다.
삶의 근본 문제에 관심이 있든 없든 우리가 어디서 왔다는 건 알아야 합니다.
어디서 왔다는 걸 알아야 우리가 어디로 간다는 걸 알 거 아니겠어요?
온 곳을 모르고 가는 곳을 어떻게 알겠느냐 말입니다.
'나는 아직 젊으니까 몇 십 년은 더 살 거다. 한 백 년쯤 살 테니 그 동안 여유가 있지 않을까?' 이렇게 생각하는 사람들도 있겠지요.
또 젊을 때 유쾌하게 놀지 말라고 할 사람도 없을 겁니다. 하지만 놀 때는 놀더라도 '나는 무엇인가' 이 문제는 해결해야 합니다. 이것을 알면 정말 유쾌하게 됩니다. 이 도리를 알면 정말이지 가정도 원만해집니다.

나는 가끔 친한 분에게 "내외간에 싸우지 마라"고 합니다. 왜 그럴까요? 헤어지기 때문에 싸우지 말라는 겁니다. 이 인연 관계는 모습이 있을 때, 모습 인연 이것뿐이에요. 한 모습을 여의딱면 다른 인연을 또 만들어 갑니다. 어떻든 모습을 나투어서 인연으로 만났는데 헤어지지 않으면 한 번씩 싸울 필요가 있어요. 길이길이 헤어지지 않으면 한 번씩 싸우는 것도 재미 아닌가요? 하지만 헤어지기 때문에 싸워서는 안 된다 그 말이에요. 다 농담입니다.

우리는 인생이 무엇인지 알아야 합니다. 그래야 술을 한 잔 먹어도 맛이 납니다. 인생이 뭔지도 모르면서 술을 먹으면 뭐할 겁니까? 사실 그러면 술 먹는 맛 밖에는 안 납니다. 술 먹으면서 다른 재미있는 일이 있어야 흥이 나지, 술에 취해서 정신이 얼떨떨한 걸 취미로 삼는다면, 그건 하나의 축생에 지나지 못하는 겁니다. 축생에 지나지 못하는 거예요. 그런 사람들에게는 이런 말 해봤자 귀에도 안 들어갑니다. 옳은 말을 도저히 받아들이지 못합니다. 옳은 얘기가 다 엉뚱한 말 같고, 사실 아닌 것 같고 그렇게 느껴지는 거예요. 그런 사람들하고는 도저히 얘기가 안 되는 거예요.

2장

네 가지
나의 소임

나의 색신은 모든 부처의 위의를 들내는 대행기관입니다
나의 색신은 모든 부처의 슬기를 세우는 대행기관입니다
나의 색신은 모든 부처의 솜씨를 굴리는 대행기관입니다
나의 색신은 모든 부처의 자비를 베푸는 대행기관입니다

일체만법은 허공성이다

명자(名字)는 참 무서운 겁니다.
과거 현재 미래가 거짓이지만 말마디[言句] 는 참이에요.
온 누리에 벌어진 일체만법은 각각 모습이 다 다르면서 실답지 않은 것이기 때문에 하나라고 하는데, 그 실답지 않은 것의 뿌리는 하나의 허공입니다. 이 때문에 '허공이 하나니 지도리가 하나요, 지도리가 하나니 목숨도 하나'라는 것입니다.

나무도 허공성(虛空性)이고 땅도 허공성입니다. 그러니 진짜 나무는 빛깔도 소리도 냄새도 없는 것이 진짜 나무입니다. 이건 물론 이적(理的)인 말입니다. 사적(事的)으로 보면 나무와 땅이 있어요. 그러나 이적으로 보면 나무라 하는 것이 허공성인 나무이기 때문에 나무는 하나의 헛것인 명자(名字)에 지나지 않는 겁니다.

그래서 부처님도 "아뇩다라삼먁삼보리[1]는 아뇩다라삼먁삼보리가 아니기 때문에 아뇩다라삼먁삼보리이고, 중생은 중생이 아니기 때문에 중생이다"라고 말씀하신 겁니다. 사적으로는 중생이지만 이적으로는 중생이 아니라는 거죠. 그러니 땅도 명자놀이고 나무도 명자놀이입니다.

그러나 여기에만 치우치면 안 됩니다. 나무는 나무대로 인정하고 땅은 땅대로 인정하면서 이것이 허공성이며, 허공성에서 나툰 것이라고 보아야 합니다. 말하자면 일체만법이 이루어진 것을 부인하는 것이 아니라 그대로 인정하면서도 이 일체만법이 항상 변하는, 실답지 않은 허공성으로서 인생살이의 놀음놀이라고 보는 것입니다. 이렇게 본다면 나무는 나무대로 인정하면서도 나무가 아니고, 땅은 땅대로 인정하면서도 땅이 아니라서 전부 나의 놀음놀이에 지나지 않는다는 사실을 발견하게 됩니다.

---

[1] 한역으로는 無上正等正覺(무상정등정각), 곧 '위 없는 바르고 평등한 깨달음'이다. 부처님의 깨달음.

그러니 어떤 경우라도 우리는 명자에 들어앉아서는 안 됩니다. 정전백수자(庭前栢樹子)[2] 화두가 풀려 나가는 요점이 이 도리에 있습니다.

---

2 어떤 중이 '조사가 서쪽으로부터 오신 뜻이 무엇입니까?'고 묻자, 조주 스님은 '뜰 앞에 서 있는 잣나무니라'고 했다. 선가에 널리 알려진 화두.

나의 색신은 부처의 대행기관

명자가 실답지 않으니 부처님의 삼십이상(三十二相) 팔십종호(八十種好)도 실답지 않습니다. 삼십이상 팔십종호는 부처님이 몸을 굴리는 데서 나타낸 것일 뿐이에요. 하지만 이 삼십이상 팔십종호를 걷어잡지 못하면 부처님을 영원히 걷어잡을 수가 없습니다.

마찬가지로 우리 몸뚱이도 헛것입니다. 변하기 때문에 자체성(自體性)[3] 이 없는 헛것이에요. 결국 이 몸뚱이가 가는 곳이 불구덩이나 흙구덩이니 어찌 이걸 진짜라고 하겠습니까? 그러나 이 가짜를 걷어잡지 못하면 진짜 법신(法身)을 찾아낼 수 없어요. 그러니 몸뚱이를 가짜로 보기는 보되 법신을 대표하는 것으로서 소중히 생각해야 합니다. 그래서 예불송에 '네 가지 나의 소임'을 써놓은 거예요.

여러분이 바로 불보살의 대행기관(代行機關)입니다. 여러분의 몸뚱이가 여러분의 몸뚱인 줄 아십니까? 아닙니다. 여러분의 몸뚱이는 몸뚱이지만, 여러분의 몸뚱이를 여의지 않으면서 불보살의 대행기관이니 극히 조심해야 됩니다. 이거 농담 아니에요. 우리가 공연히 몸을 나투어서 '나다, 너다' 분별해서 그렇지 그 당처, 본래의 진짜 나, 어머니 뱃속에서 나오기 전의 나, 그 소식에 있

---

[3] 다른 존재에 의존하지 않고 독자적으로 가지고 있는 성품.

어서는 불보살과 꼭 같은 자리입니다. 우리가 불보살의 대행기관이 되는 까닭이 여기에 있어요.

공연히 잘난 척하느라 우리가 대행기관이 되겠다는 건 절대로 아닙니다.
우리의 마음에 번뇌 망상이 사그라지면 바로 불보살로서 행을 하게 되는 것이고, 마음속에 번뇌 망상이 꽉 차면 부처님도 중생이 돼 버리는 거예요. 어쩔 도리가 없어요. '일체중생본래불(一切衆生本來佛)'이라고 십자송에 써 놓은 까닭이 바로 이겁니다.
비유해서 말하자면 이렇습니다. 방 안의 허공하고 바깥의 허공하고 다른 허공인가요? 다르지 않지요? 문을 열어젖히면 허공에 경계가 어디 있나요? 하나인 허공이 있을 뿐입니다. 마찬가지로 허공과도 같은 본래 바탕 자리에선 부처와 우리가 하나입니다.
그렇기 때문에,

'나의 색신은 모든 부처의 위의를 들내는 대행기관이다'
우리가 행동을 조심해야 되는 이유입니다.

'나의 색신은 모든 부처의 슬기를 세우는 대행기관이다'
슬기가 부처입니다.

'나의 색신은 모든 부처의 솜씨를 굴리는 대행기관이다'

'나의 색신은 모든 부처의 자비를 베푸는 대행기관이다'

자비는 관세음보살, 솜씨는 유마 거사, 슬기는 문수보살, 위의(威儀)는 아미타불. 무슨 부처든지 갖다 붙이기 나름입니다. 원래 부처님의 명호는 천 가지 만 가지로 나뉘지만 그 뿌리는 하나입니다. 우리의 중생도 천 가지 만 가지로 나뉘지만 그 뿌리는 하나인 거예요.

우리의 색신은 모든 부처의 대행기관입니다.
자비심(慈悲心) 하면 관세음보살이지만 모든 부처가 자비심을 갖추고 있어요. 모든 불보살의 자비심을 대표하는 이가 관세음보살입니다.
그럼 이 자비심을 누가 행하는 건가요?
우리가 행하는 겁니다.
진짜 부처님은 빛깔도 소리도 냄새도 없는 소식이거든요.
관세음보살의 자비심을 우리가 이 색신, 가죽주머니를 통해서 대행하는 겁니다.

모든 부처의 지혜(智慧)를 대표하는 것이 문수보살의 지혜인데, 이 지혜를 쓰는 것은 여러분입니다. 이렇게 지혜를 쓰기만 하면 여러분은 이 색신 그대로 부처가 됩니다.
그래서 처음 공부를 할 때는 가죽 주머니라고 하면서 이 모습을 부수기 위해 온갖 애를 쓰지만, 되돌아서 이 가죽주머니를 인연이 있을 때까지 쓰면서 하나의 소중한 법기(法器)로 여기는 겁니다.

처음에는 이 가죽주머니에 들어앉기만 해서 때려 부수라고 하지만, 이 도리를 알면 되돌아서 소중하게 생각하는 겁니다. 그러나 소중하게 생각할지언정 이 색신을 진짜라고 보아선 안 됩니다. 법신 자리에 앉아서 변하는 색신을 굴릴지언정 들어앉아서는 안 돼요. 들어앉으면 꼭두각시밖에 안 되기 때문입니다.
고불(古佛)을 친견하는 도리가 여기서 나옵니다.
이건 좀 어렵습니다. 그러나 항상 그 마음을 놓치지 않고 죽 나아가면 부처를 친견할 수 있어요.

3장 염불송

부처님 거울속의 제자의몸은
제자의 거울속의 부처님에게
되돌아 귀의하는 이치를알면
부처가 부처이름 밝히심이네

허공과 성품은 하나다

'부처님 거울 속의 제자의 몸은'
부처님 거울 속에 우리가 있습니다.
가만히 생각해 보세요.
거울이란 성품을 뜻하는 비유입니다. 거울이란 말 대신 성품을 써서, '부처님 성품 속의 제자의 몸은, 내 몸은' 이래도 상관없어요.
우리의 성품은 부처님의 성품과 둘이 아닙니다.
왜 그럴까요? 모습이 없기 때문에 둘이 아닙니다.

'제자의 거울 속의 부처님에게'
부처님을 찾아내려면 어떻게 해야 할까요?

나의 성품 속에서 부처님을 찾아야 합니다. 이거 조금 어렵죠?
'부처님 거울 속의 나, 제자는, 나(제자)의 거울 속의 부처님에게'
이 말입니다.

'되돌아 귀의하는 이치를 알면'
한번 돌려서 부처님에게 귀의하는 이치를 알면, 나의 성품 속에 있는 부처님에게 되돌아 귀의하는 이 이치를 알면 그 때는,

'부처가 부처이름 밝히심이네'
부처가 부처이름 밝히시는 이것뿐이란 말입니다.

알겠습니까? 알아듣겠지요?
부처님 거울하고 나의 거울하고 둘이 아니라는 의미겠지요?
우선 부처님의 성품하고 내 성품하고 둘이 있다면 이런 말이 성립되지 않습니다.
부처님의 성품하고 내 성품하고 같기 때문에,
나는 내 거울 속의 부처님을 찾을 수밖에 도리가 없어요.
다른 거울 속엔 있을 수가 없습니다. 그렇지 않은가요?

그러면 나는 어디 있는가? 나는 또 부처님의 거울 속에 있습니다.
부처님 성품 속에 내가 있거든요. 그렇지 않습니까? 이거 중요한 말입니다.

지금 현재 우리 모두는 부처님 성품 속에 있습니다.
부처님 성품 속에 우리가 있으니,
우리는 부처님께 귀의해야 되지 않겠습니까?

부처란 깨달은 자를 뜻하는 겁니다.
깨달은 사람이 부처이지 다른 것이 아니에요.
부처님 성품 속의 나인데, '내가 부처님께 귀의해야 되겠다'고
하면 부처님을 찾아내야 내가 귀의하지 않겠습니까?
그러면 어떻게 찾을까요?
'나의 성품속의 부처님에게,' 부처님이 도리어 내 성품 속에 있단
말이에요. 이거 좀 어려운가요?

허공은 나를 여의지 아니하고, 나는 허공을 여의지 않았다.
이 말을 가만히 생각해 보세요. 부처님의 성품과 내 성품이 둘이
아니라는 걸 전제로 하고 생각해야 이 말이 납득이 갑니다. 부처
님 성품이나 우리의 성품이나 모습이 없으니, 나눌 수 없는 하나
거든요. 그래서 이런 노래가 나오는 겁니다.

'부처님 거울 속의 제자의 몸은'
부처님 거울 속에 내가 떡 있다 말이지요.
'제자의 거울 속의 부처님에게'
되돌아서 나의 거울 속의 부처님에게

'되돌아 귀의하는 이치를 알면'
이 말이 이 말이에요.

거울이란 말이 두 번 나오니 성품이란 말도 둘 나온 셈입니다. 하지만 성품이란 말이 둘 나온다고 해도, 모습 없는 성품은 결국 하나 아닌가요? 그러니까 이건 은근하게 나의 인격을 나투고, 부처님의 인격을 인정하고 있어요. 실은 부처님의 인격과 나의 인격이 둘 아니지만, 상대성으로 나누어 보면 엄연히 부처님이 계시고, 또 엄연히 내가 있거든요. 그 당처가 하나라 할지라도 인격을 나투는 데는 부처님의 인격이 계시고 우리의 인격이 있어요. 그 자리는 다 절대성자리입니다.

그러니까 우리가 부처님께 의지하고 귀의하려면 나의 거울 속의 부처님을 붙잡는 수밖에 도리가 없어요. 그리고 그리 어려운 일도 아닙니다.
우리가 뭐든 자꾸 둘로 보니 그렇지 거울은 하나거든요, 하나인 성품을 뜻하는 것이에요. 이것이 딱 납득이 가면 큰 의심이 풀려 버립니다.

왜 그럴까요?
허공은 하나입니다. 허공이 하나면 진리도 하나 아니겠어요? 가도 가도 끝없는 허공이 진리라는 걸 우리가 알았어요.

그러니까 가도 가도 끝없는 진리가 하나란 말이죠.
진리란 무엇이냐? 목숨입니다. 목숨은 생명이니, 진리는 생명이 거든요. 그러니 지도리라고 해도 좋고 허공이라 해도 좋고 거울이라 해도 좋아요.

우리가 부처님 인격을 상대성으로 인정하고, 또 내 인격도 인정하면서 부처님을 어디서 찾아야 할까요? 부처님 거울 속에서 찾아야 될까요?
'제자의 거울 속의 부처님'과 '부처님 거울 속의 제자(나)'는 둘이 아니지만 각자의 인격으로 나타납니다. 각자 인격이 나타나기 때문에 나의 인격을 여기서 세우려면 '나의 거울 속의 부처님께 되돌아서 귀의하는 이치를 알아야 된다'는 말입니다.
이것이 확실하게 납득이 가면 '내가 바로 문수보살이구나! 내가 아미타불이구나! 내가 관세음보살이구나!'
이런 생각이 나지 않겠어요? 또 사실 과학적으로 그렇단 말이에요.

관세음보살은 자비로 으뜸이신데, 여러분들이 관세음보살과 같은 자비심을 발한다면 바로 여러분이 관세음보살 아닌가요? 이 몸뚱이의 모습은 별 문제입니다.
그런데 세상 사람들은 모습이 변하는 줄 모르고 이 모습에만 들어앉습니다.

여러분이 사십팔대원[1]을 세워서 그대로 행하면 아미타불이 됩니다. 문수보살은 슬기를 나투시는데 슬기로운 방편을 잘 굴릴 줄 알면, 여러분이 바로 문수보살입니다.

또 행을 잘하면 여러분이 바로 보현보살입니다.

아침저녁으로 밥할 때든지, 빨래할 때든지, 이거 늘 외워도 참 좋습니다. 그렇게 해가면 하루 이틀 사흘 나흘, 시간이 감에 따라 자꾸 달라집니다. 그래서 이것이 몸에 확실히 배어놓으면 "관세음보살" 하고 부르면 여러분 자신이 바로 '아, 내가 관세음보살이구나!' 하고 확실히 알게 됩니다.

만약 내가 이 자리에서 거짓말로 이 말을 한다면, 내가 이 설법 못합니다. 신장(神將)[2] 들이 계시잖아요? 이 방 중에 이렇게 사람만 모이는 줄 아십니까? 신장들이 계십니다. 불보살이 여기 계십니다. 우리 눈에 안 보일 뿐이에요. 아수라니 무엇이니 다 있습니다. 설법을 거짓말로 하면 용서가 되지 않습니다. 제 의견대로 깜냥대로 할 수는 없어요. 어디까지라도 진실한 입장에서 이야기해야 합니다.

---

1 사십팔대원(四十八大願) : 「무량수경」에 따르면, 과거세에 법장비구(法藏比丘)는, 세자재왕여래(世自在王如來) 앞에서 48가지 크나큰 원을 발하고, 한량없는 세월을 수행한 끝에, 성불하여 아미타불이란 명호를 얻고 서방에 극락정토를 건립하였다.

2 불법을 수호하는 존재들.

진짜 부처는 모습이 없다

진짜 부처[眞佛]는 모습이 없습니다.
모습을 나투면, 부처님의 모습도 어릴 때 다르고, 열 살 때 다르고, 마흔 살, 쉰 살 때 다 다른 거예요. 모습은 계속해서 쭉 변하는 거 아닙니까? 상대성은 변하는 거 아니에요? 그러니까 모습은 믿을 수가 없습니다. 사실 자꾸 변하니까 믿지도 않아요. 몸뚱이를 나라고 해도 현미경으로 들여다 보면, '나다'라고 하는 사이에도 이미 변하는 것이니, 어느 걸 붙잡고 나라고 할 것인가 이 말입니다. 모습은 믿을 수 없는 것이에요.

진짜 부처는 모습이 없습니다.
어째서 모습이 없는가?
진짜인 여러분도 모습이 없는데, 어찌 부처님만 모습이 있어야 한다고 하느냐 말이에요.
그럼 법이 둘이게요, 목숨도 둘이고.
여러분의 진짜 주인공도 모습이 없는데, 여러분들은 어찌 부처님만 모습 있는 것으로 구하느냐 말이에요! 우리 불법이란 이렇게 과학적이고, 이렇게 논리적입니다.
가만히 생각해 보세요. 이거 중요한 말입니다! 중요한 말!
'진짜 내가 여기 있지 않은가?' 하고 생각할 사람도 있겠지만, 그건 몸뚱이를 두고 하는 생각이고, 몸뚱이는 진짜가 아닙니다. 몸뚱이는 자꾸 변하는 것이니 실답지 않은 것입니다.

모습놀이해서는 안 된다는 이유가 여기에 있는 겁니다. 그렇다고 모습놀이를 일절 하지 말라는 건 아니에요. 모습을 굴리기는 굴리되 거기에 머물지 말라는 말입니다.

아시겠지요? 가만히 생각해 보세요.

진짜 부처는 모습이 없습니다.

여러분은 색신으로서인 여러분이 아니고, 허공으로서의 여러분입니다. 알기 쉽게 말하면 허공이에요. 법성신(法性身)입니다.

허공이란 여러분이 알기 쉽게 납득하도록 하기 위해서 하는 말이에요. 허공으로서의 여러분이라.

허공으로서의 여러분이 모습이 어디 있나요?

몸뚱이는 가짜입니다. 몸은 상대성이고, 시시로 변하는 것, 성품도 없는 물건이잖아요. 진짜 여러분도 모습이 없으면서, 어찌 부처님에 대해서만 모습을 구하느냐 이 말입니다. 우리가 모습이 없는데 부처님만 모습 있는 것을 구한다면 어떻게 되지요? 법이 둘이 되지 않습니까? 그러면 허공이 둘 있어야 되지 않는가요?

우리 불법이란 이렇게 과학적이고 논리적인 겁니다.

우리가 큰 도, 허공과 꼭 같은 도를 성취하려면 우선 이것부터 해결해야 합니다. 이것이 해결되고, 이것이 바탕이 되면, 그 동안에 일어난 것은 묘용(妙用)의 도리에요. 경우에 따라 이렇게도 하고 저렇게도 하는 겁니다. 그러니까 이걸 확실히 알아야 합니다. 여러분은 색신으로서의 여러분이 아니고, 허공으로서의 여러분이라 이 말이에요.

부처님께서 말씀하시기를,
"허공이 끝이 없지 않느냐? 네가 모습을 두면 모습은 한정이 있어. 그러니 너는 한정 있는 마음씀씀이를 쓰지 마라. 손가락 하나를 까딱하고 놀리고, 발가락 하나를 까딱하고 놀릴지라도, 허공과 같은 자리에서 허공과 같은 마음씀씀이를 가져라. 원래 네가 허공이다. 원래 네가 허공성(虛空性)이다.
그러니까 원래 네가 허공성인 이걸 놓치지 마라. 네가 원래 허공성이니, 태양이면 태양에도 들어앉지 말고, 땅덩이면 땅덩이에도 들어앉지 말고, 지구면 지구에도 들어앉지 말고, 별이면 별에도 들어앉지 말고, 네 몸뚱이면 몸뚱이에도 들어앉지 마라. 들어앉지 않으면서 그걸 쓰긴 네가 써라. 굴리긴 굴려라. 보시도 그렇다. 정진도 그렇다. 다른 것도 다 그렇다."
이 말씀이에요.

여러분들이 이것이 이해된다면 참으로 불법을 반 이상 납득하는 셈입니다. 전부 납득한 것이라 해도 괜찮습니다. 어떻게든 여러분이 이 대목에서 기초가 잡혀야 된다는 이유가 여기에 있는 거예요. 기초가 일단 잡히면 그때는 내가 무슨 얘기를 해도 착착 알아듣습니다. 알아듣고 그대로 행하면 돼요. 그리 어려운 게 아닙니다.

공덕 중의 공덕

여러분 중 염불하시는 분들은 염불을 할 때,

  부처님 거울 속의 제자의 몸은
  제자의 거울 속의 부처님에게
  되돌아 귀의하는 이치를 알면
  부처가 부처 이름 밝히심이네

이 노래를 처음에 한번 외우고, 그 다음에 다른 염불 쭉 하세요. 그렇게 하면 여러분이 보통 염불할 때와 이렇게 하고 염불할 때는 문제가 달라집니다. 상대적으로 부처님의 인격을 존중하게 됩니다. 또 내 인격도 그대로 인정해 줍니다. 본바탕 자리에 턱 앉아서 부처님하고 나하고 둘이 아니란 걸 알게 되면서, 되돌아 진짜 부처님을 존경하는 도리가 나옵니다.

예전처럼 염불하는 것은 모르고 하는 것이고, 그저 믿기만 한다 이겁니다. 그렇지 않은가요? 하지만 믿기만 해도 안 됩니다. 믿는다는 것은 앎이 바탕이 돼야 해요. 아는 것이 바탕이 되지 않으면 믿음이란 있을 수 없습니다. 그것은 어리석은 행동입니다.
또 아는 것은 무엇이 바탕이 되느냐? 아는 것은 깨달음이 바탕이 됩니다. 깨달음이 없는 앎이란 있을 수 없습니다.

그러면 깨달음이란 무엇을 의미하는가?

'절대성 자리는 이렇다. 그러하니 상대성을 이렇게 저렇게 굴린다.' 이렇게 아는 겁니다. 절대성 자리가 엄연하니 상대성을 나눠서 각자의 인격을 나눠요. 이렇게 나툰 인격을 원만하고 아름답게 굴리는 것이 부처님의 뜻입니다.

이런 뜻을 모르고 어떻게 누리의 나툼인 일체만법을 굴리지요? 못 굴립니다. 이것을 알아야 합니다.

여러분들이 참으로 이 염불송을 그대로 외우면, 하루 종일 읽어도 좋습니다.

이것으로 관세음보살 염불도 되고, 아미타불 염불도 되고, 문수보살 염불도 되고, 일체제불의 염불이 되는 겁니다. 부처님이 인격적으로 여러 모습으로 나투지만, 그 당처는 하나입니다. 그러니까 되는 겁니다. 안 될 수가 없어요.

여기 십자송도 그렇고 몇 가지 좋은 글이 있습니다.

십만 번만 읽어 보세요. 광명(光明)이 납니다. 광명도 상대성이지만, 광명이 납니다. 솔직히 내 글을 두고 이렇게 말하기도 좀 이상스럽고 그렇긴 합니다.

결국 어떤 행위를 하든 말쑥한 자기의 성품자리, 허공으로 더불어 꼭 같은 그 성품자리를 놓치지 않는 것이 공덕(功德) 중의 공덕입니다. 이 소식이 바로 부처님이에요. 다른 거 아닙니다. 그러나 우리 중생들은 어디 그런가요?

이 허공의 은혜 참 많습니다. 허공이 있기 때문에 땅덩어리도 있지 않은가요? 우리가 절을 하려면 허공에 먼저 절하고 땅덩어리에 두 번째로 절해야 합니다. 허공이 있고 땅덩어리가 있으니까요. 그런데 사람들이 땅은 인정해요. 땅은 인정해서 여기 몇 평은 내 땅이다, 저기 몇 평은 네 땅이다 해서 나중에 무슨 일이 있으면 소송도 하지만, 허공에 대해서는 무관심이에요. 땅덩어리는 한정이 있는데 허공은 한정 없이 너무 커서 그런가요?

여기는 한국이다, 여기는 미국이다, 여기는 일본이다, 여기는 소련이다, 여기는 월남이다 하면서 대포를 쿵쿵 쏘아.
그런데 다행히 지구는 성품이 없어. 이거 참 멋지지요. 지구가 성품이 있다면 벌써 야단났을 거에요.
"이놈들" 하면서 지구가 흔들흔들 해버리면 싸움하는 놈들, 대포 쏘는 놈들 다 도망갔을 거에요.

모든 부처를 끌어안을 수 있는 나

여러분이 관세음보살 염불을 한다면 누가 합니까? 여러분의 성품 중에서 한 생각을 일으켜(일으키지 않을 때는 관세음보살이라는 생각이 없었어요) 관세음보살이란 명자(名字)가 내 마음속에 있어요. 관세음보살의 명호(名號)가 내 성품 속에 섰습니다. 그렇다면 그 관세음보살은 누구의 관세음보살인가요? 여러분의 관세음보살 아니에요? 내 성품 속에 세워진 관세음보살입니다. 이와 같은 식으로 아미타불, 문수보살, 보현보살도 전부 내 성품 속에 이루어지는 겁니다.

그러면 내가 어찌 색신으로서의 나일 뿐이겠는가 말입니다. 숱한 불보살이 내 성품 중에서 이루어집니다. 내 성품의 거울 속에 이루어지는데, 나는 또 부처님 거울 속에 비춰져 있어요. 내 성품 속에 모든 부처님이 이루어져 있는데, 부처님이 난지 내가 부처님인지 구분할 수가 있나요? 내가 부처고 부처가 나이고 그렇지, 나눌 수 없습니다.

방 안의 허공하고 바깥의 허공하고 다른 허공인가요? 다르지 않습니다. 문을 열어젖히면 안팎의 허공을 나눴던 경계는 사라지는 거예요. 그러니 저 허공이 이 허공 속에 있는 거나 꼭 마찬가지입니다. 나는 방 안에 있건 밖에 있건 원래 하나인 큰 허공 속에 있는 겁니다.

부처님의 명호는 천 가지 만 가지로 나뉘지만 그 뿌리는 하나입니다. 우리 중생도 천 가지 만 가지로 나뉘지만 그 뿌리는 하나입니다.

우리는 '허공으로서의 나'입니다.

여러분 지옥 싫어하지 마세요. 극락세계라고 좋아할 필요도 없어요. 다 내 속에 있는 것이니까요. 지옥이든 극락이든 나도 만들려면 만들 수 있습니다. 지옥을 만들려면 당장 만들 수 있어요. 나쁜 짓 하면 당장 지옥이 만들어집니다. 그렇지 않은가요? 그러니까 지옥을 만드는 것도 나이고 극락세계를 만드는 것도 나입니다. 남이 만들어 놓은 데 갈 필요가 없어요. 불보살은 불보살대로 각자 살림이 있어서 다 다릅니다. 차별현상이고, 상대성(相對性)이거든요.

절대성(絶對性)자리는 하나입니다. 절대성 자리로 보면 나도 부처입니다. 부처는 부처인데 미(迷)한 부처일 뿐인 거지요.

'경계가 실답지 않다. 지구도 실답지 않다. 태양도 실답지 않다. 복이다 뭣이다 실다운 거 아니다. 이 몸뚱이도 실다운 거 아니다.' 이렇게 생각하면 바로 이대로가 보살입니다.

그러니 우리는 모든 부처를 끌어안을 수 있는 우리입니다.

이거 의심하지 마세요! 절대로 의심하지 마세요!
만약 여러분들이 이거 의심한다면 불교 믿을 필요 없어요.
석가모니불을 포함하여 모든 부처를 끌어안을 수 있는 우리에요.
석가모니불, 관세음보살, 보현보살, 아미타불, 어느 부처님이건
내 마음에 세워져서 내 입을 통해서 나오지 않은 것이 없어요.

그러면 우리는 어떠한 존재일까요?
우리가 몸이라는 이 가죽 주머니를 뒤집어쓰고 있기는 있지만
이 몸은 무정물이에요. 나중에 흙구덩이나 불구덩이로 보내질
겁니다.
그럼 진짜 나는 누구인가요?
'나는 빛깔도 소리도 냄새도 없는 이 자리'입니다. 나의 마음, 나
의 성품 속에 극락세계도 지옥도 있는 것입니다.

왜 그런가요?
나는 무변 허공(無邊虛空)이기 때문입니다. 나는 무변허공입니다.
허공이 진짜 내 몸입니다.
이거 실감이 나시나요? 잘 안 나죠? 그렇기 때문에 불교 공부 어
렵다고 합니다. 사실 이 말 이해할는지 모르겠습니다만 해야만
하겠습니다. 당장은 이해되지 않는다 해도 한 달 후에 일 년 후
에, 나중에 숨 넘길 때에 이 말 딱 깨달을 수 있습니다. 깨닫게 되
면 문제는 달라집니다. 나는 그걸 바랍니다. 지금 현세(現世)의 일,

나는 그거 문제시하지 않아요.

그러하니 우리는 무엇인가요?
'허공의 주인공입니다. 누리의 주인공입니다.'
이건 과학적으로도 그렇고 이론상으로도 그러한데, 사람들은 가죽 주머니 여기에만 얽매어서 자꾸 쏠리기 때문에, 허공과 같은 내 법신을 이 몸뚱이 속에 비벼 넣고 있어요. 그러니 참으로 죄가 많습니다. 나의 법신이 진짜 부처거든요. 설사 미(迷)해서 이 색신을 나퉜다 할지라도 그 뿌리는 부처입니다. 가죽 주머니인 몸뚱이를 나로 알고 거기 얽매인다면 자기가 자기 부처 죽이는 거지 뭐예요? 부처는 누가 죽이는가? 중생이 죽입니다.

우리가 선(禪)을 한다든지 염불을 하다보면, 부처님이 나타나기도 합니다.
그럴 때는 '모든 모습이 허망하니 물론 이것도 허망한 거다. 내 마음이, 내 스스로 그렇게 만든 거다' 하면 그것도 다 허망한 거예요. 왜 그러느냐? 내 얼굴 보는 거나 마찬가지이기 때문입니다.
거울에 비친 내 모습이 틀림없는 나지만, 사실은 그것은 거울에 비친 내 얼굴이지 진짜 내 얼굴은 아니거든요. 그와 마찬가지로 관세음보살이 턱 나타나더라도 허망한 모습에 불과합니다.

그러하니 우리는 이 이치를 알고 부처를 믿어야 합니다. 경우에 따라 '허망한 부처님의 모습을 한 번 내가 구경하고 싶다' 하는 생각으로, 무엇이 나타나든 전부 허망한 거라는 걸 딱 인정하고 보는 것은 상관이 없어요. '진불은 무모(無貌)라, 진짜 부처는 모습이 없다'고 부처님께서도 말씀 많이 했습니다.

팔만대장경을 다 뒤져봐도 다른 부처에게 의지하란 말은 없습니다. 불(佛)이라 하는 것은 내 부처를 뜻하는 거예요. 부처에게 의지하더라도 '내 부처 내 법신에게 의지하라' 했지, 타불(他佛)에 의존하란 말은 절대로 없습니다. 만약 팔만대장경 중에 그런 말이 있다면 나는 그런 대장경 전부 불사르라 하겠습니다. 그런 말은 없어요. 이렇게 명백하게, 이렇게 확연하게 부처님께서 말씀하셨거든요.

그러니 우리가 이 공부를 하는 데는 이것부터 줏대를 딱 세워야 합니다. 줏대를 확실히 세워서 나아가야 장차 성불할 기약이 있습니다. 만약 성불하지 않겠다면 그거야 별 문제에요. 모습놀이든 뭐든 자기가 자기 꾀에 속아 넘어가고, 이렇게 해서 조금 그 덕으로 후 세상에서 사람 몸 받아서 잘 살다가 이러면 별 문제겠지만, 우리가 생사의 뿌리를 바탕자리에서 송두리째 빼내려는 각오를 한다면, 참으로 대단한 각오가 필요한 겁니다.

무슨 각오인가? '올바로 알아야 된다'는 각오입니다. 그런데 여러분들에게는 이게 잘 납득되지 않는 것 같아요.

진짜 예불

우리가 예불하지 않습니까? 예불해야 됩니다.
예불하는데 보통 관세음보살을 많이 모십니다. 내가 "관세음보살"하고 명호를 부릅니다. 모습이 있어도 좋고 없어도 좋습니다. "관세음보살" 하면 벌써 나의 슬기 속에 관세음보살의 명호가 세워진 겁니다. 돌로 만든 불상, 쇠로 만든 불상, 금으로 만든 불상은 하나의 상(相)일 뿐이지 진짜 부처는 아닙니다. 우리는 이걸 잘 압니다.

그러나 불상을 진짜 부처로 생각하는 사람들도 있습니다. 그 정도도 천차만별이에요. 부처님은 "너희가 모습을 진짜로 믿고 예불한다면 삼악도(三惡道)에 떨어진다"고 하셨습니다. 이 말씀 또한 믿는 정도에 따라 다 다르겠지요. 그러니까 눈앞에 보이는 불상도 좋고, 금상도 좋고, 철상도 좋아, 목상도 좋습니다. 흙으로 만든 것도 좋아요. 좋지만 '이건 흙으로 만든 거다' 이렇게 알면 그건 부처가 아니거든요. 그런데 그만 이것이 진짜 부처다, 이렇게 생각한다면 흉악한 사도(邪道) 중의 사도입니다.

자기가 생각이나 경계를 봐서 "관세음보살님" 하면 그 명호가 나의 슬기 속에 모셔지는 겁니다. 이건 절대 과학적입니다. 내가 관세음보살을 생각하면 관세음보살의 명호가 나의 지혜, 아는 그 자리, 생각하는 그 자리에 모셔지는 거예요. 내가 생각을 안 하면 없어요. 관세음보살은 나에게 없는 거예요. 그렇지만 흙으로 만든 거든지 돌로 만든 거든지 관세음보살도 좋고 다른 부처님도 좋은데, 눈으로 보면 벌써 내 마음에 모셔지는 겁니다.

그러면 우리가 누구에게 예불하는 겁니까?
내 마음 속에 모셔진 부처님에게 예불하는 겁니다.
예불하는 데는 이 육신을 빌어서 합니다. 육신을 빌어서 예불하는 거예요.
또 예불 받는 이는 빛깔도 소리도 냄새도 없습니다.
설사 돌로 만든 관세음보살, 금으로 만든 관세음보살의 형상이 있다 할지라도, 그건 돌이고 흙이지 관세음보살은 아니거든요. 모습뿐이에요. 모습을 향해서 우리가 절할 필요는 없어요. 물론 모습을 대신 그렇게 생각하는 것은 좋습니다.

그래서 극진히 절을 하는데 실은 내 마음 속에 (내가 생각하는 것이 허공이나 한가지에요) 명호가 모셔졌어요. 사실은 어디에 모셔졌다 이런 말도 있을 수 없습니다. 그냥 모셔진 겁니다. 그러면 부처님하고 나 하고 하나예요. 내가 절을 합니다. 절하는 사람이 있다면 절 받는 사람이 있지 않겠습니까? 그땐 우리가 어떻게 생각해야 될까요? 이건 중대한 문제입니다. 참으로 중대한 문제예요.

부처님 말씀을 믿는다면 '악도에 떨어지느냐, 악도에 떨어지지 않느냐?' 하는 문제입니다. 어쨌거나 "모습을 진불(眞佛)로 알면 악도에 떨어진다"고 부처님도 말씀하셨고, 다른 선사들도 그렇게 말씀하셨습니다. 그 분들이 거짓말 하는 것이 아니거든요. 그러나 어떤 사람들은 모습을 진불로 생각합니다. 정말이지 이건 턱도 없는 생각입니다. 사실을 사실대로 아는 것이 부처입니다.

만약 내가 예불한다면, 백봉인 내가 나인 부처님에게 하는 겁니다. 나로서인 백봉이 나로서인 부처님에게 하는 거예요. 이거 좀 이상하지요? 처음에 이런 말 들으면 이상하기도 할 겁니다. 이때는 두 개로 딱 가르는 거지요. 나로서인 백봉이 나로서인 부처님에게 하는 것이다, 이거 고도한 입장에서 하는 말입니다. 그러기 때문에 성심(誠心)으로, 참된 성의(誠意)가 안 들어갈 수가 없습니다. 나를 떼어놓고 부처님이 있을 수 없어요. 나의 슬기 속에 부처님의 명호가 모셔져 있거든요. 물론 슬기니 뭣이니 하는 것도 쓸데없는 말이고, 나다 부처님이다 하는 것도 쓸데없는 말이라고 하겠지만, 그 당처에 있어서는 일선상(一線上)입니다. 절대평등(絶對平等)인 일선상이에요.

그렇기 때문에 절을 한다면 벌써 차별현상으로 돌아오는데, 사실은 나인 백봉이 나인 부처님에게 하는 거예요. 그런데 여기서 여러분들에게 이 말이 잘 이해되지 않는 이유는, '나다' 하면 곧바로 이 몸뚱이를 연상하는 버릇 때문입니다. 그렇지만 나도 그렇게밖에는 말할 도리가 없어요. 나라고 했지만 '허공인 내가' 이렇게 말해도 됩니다. 왜 허공이란 말을 가져오는가? 빛깔도 소리도 냄새도 없는 이것을 표시하기 위해서입니다.

그러니 이걸 줄이고 줄여서 '나로서인 백봉이 나로서인 부처님에게 예불한다.' 이렇게 하는 겁니다. 서로 친구 간에도 좋습니다. '나로서인 백봉이 나로서인 친구와 같이 술 한 잔 먹는다. 손 한 번 잡았다.' 이렇게 하는 것도 좋습니다. 왜냐하면 사실이 그렇거든요. 빛깔도 소리도 냄새도 없는 자리가 부처입니다. 또 백봉이라 하더라도 그 주인공은 빛깔도 소리도 냄새도 없는 자리거든요. 물론 부처님도 모습으로서의 색신을 나투시긴 하지만, 그건 별 문제입니다.

그러면 여기서 어떤 문제가 해결되는가?
여러분 깊이 들으세요.
아미타불이라든지, 관세음보살이라든지, 문수보살이라든지, 보현보살이라든지 명호를 내가 아는 대로 모십니다. 그 슬기자리를 존경하기 때문에 숱한 부처님을 모십니다.
내가 "아미타불" 하면 어찌 되느냐? 내가 바로 아미타불이 됩니다. 왜 그런가 하면, 법성신(法性身) 분(分)으로 봐서 그렇습니다.
"아미타불" 하면 나에게 아미타불이라는 명자밖에 없어요. 내가

"관세음보살" 하면 관세음보살 하나뿐이지요. 그때 그 자리에는 나라고 하는 것이 없어요.
그러니까 육신 이대로 바로 관세음보살이 됩니다.
여러분이 "관세음보살" 하면 여러분 자신이 그대로 관세음보살입니다.
이때 여러분의 몸은 관세음보살이 나툰 여러분의 색신이 됩니다.
그리고 또 "문수보살" 하면 여러분이 이미 문수보살입니다.
여러분의 몸은 문수보살이 나툰 색신이에요.

부처님이 색신을 이것만 나투시겠습니까?
이것도 나투고 저것도 나투고 천차만별로 나투는 거니까 그 중에 하나 여러분의 몸도 들어가게 되는 거예요.
내가 "보현보살" 하면, 이 몸 그대로 내가 보현보살이 되는 겁니다.
그러니까 이 자리가 소중한 자리라는 말이 그 말입니다.
내가 "지장보살" 하면, 내가 바로 지장보살이 되는 겁니다.
이 육신을 그대로 가지고 지장보살이 되는 거예요.
이 도리를 알 때에 참으로 불법이 어떻다는 걸 알게 됩니다.

내가 "관세음보살" 한다고 합시다. 관세음보살을 어디 가서 찾을 겁니까? 죽도록 찾아봤자 관세음보살이란 명호밖에 못 찾습니다. 그 명호는 나의 법성신 중에 내가 모시고 있는 명호입니다. 모시고 있는 동시에 이 명호가 주인이 돼 버립니다. 그때 나는 손님이 되는 거예요.

내가 "관세음보살" 하면 관세음보살이 주인이 됩니다. 관세음보살 부르는 그 자리는 손님이 돼 버려요. 빈주(賓主)가 여기서 나눠지지만 주인(主人)이 곧 손(客)이고 손이 곧 주인이란 도리가 있습니다.

이러하니 내가 그대로 온통 관세음보살이 돼 버립니다. 여러분이 어디 가더라도 좋고, 물건 사러 가더라도 좋고, 집에 있을 때도 좋습니다. "관세음보살" 할 때는 '아, 내가 관세음보살이구나!' 이렇게 생각하세요. 이거 절대 틀리지 않습니다. 내가 "보현보살" 하면 바로 내가 보현보살이고, 다른 명호도 마찬가지에요. 내가 "유마거사" 하면 바로 내가 유마거사입니다.

그렇기 때문에 자체성이 없는 이 육신은 숱한 부처가 될 수 있습니다. 물론 거기에 적혈구니 백혈구니 세포니 하는 것도 하나의 불성(佛性)에서 온 거라 한다면 그것도 부처라 할 수 있습니다. 지금 그런 말 하려는 건 아니고, 만약 내가 생각을 일으켜서 "관세음보살" 하면 그대로 자기가 관세음보살입니다. "아미타불" 하면 그대로 자신이 아미타불입니다. 이거 여러분들 의심하지 마세요.

　부처님 거울 속의 제자의 몸은
　제자의 거울 속의 부처님에게

되돌아 귀의하는 이치를 알면
부처가 부처이름 밝히심이네.

하는 노래를 지은 까닭이 거기 있습니다. 공연히 조작(造作)으로, 어떤 관념으로 부른 것이 아니에요.

이 몸뚱이는 누구라도 와서 접(接)하면 그것에 쓰입니다. 도깨비가 와서 접하면 도깨비놀음을 내가 하는 거예요. 또 어떤 귀신이 와서 접하면 내가 귀신 행동을 하는 겁니다. 피동적(被動的)이긴 하지만 내 몸이 하는 것이니 하지 않는다고 할 수도 없습니다. 그러나 나의 법신이 주동적(主動的)으로 "관세음보살" 하면 즉시 그 자리에서 내가 관세음보살로서 딱 나타나는 겁니다. 내가 만약 "파순이"[3] 라고 부른다고 합시다. 그땐 이 몸 그대로 파순이가 되는 거예요.
이 몸에 자체성이 없기 때문에 그렇습니다. 이 몸뚱이가 자체성이 있다면 "관세음보살은 내가 받아들이겠지만, 파순이는 받아들일 수 없어." 이렇게 거부할는지 모르지만, 자체의 성품이 없는 이 몸뚱이는 거부할 줄도 몰라요.

절에서 이런 설법 많이 해 줘야 합니다. 많이 해 줘야 절에 온 사람들이 제대로 된 도리를 알게 됩니다. 도리를 알지 못하면 절에

---

3 욕계(欲界)의 제육천(第六天)인 타화자재천(他化自在天)에 사는 마왕(魔王)의 이름.

가는 것이 도리어 손해가 될 수 있어요. 절에 갈 때는 잘 되려고 가지 못 되려고 가겠습니까? 그러나 잘못되면 정말 곤란합니다. 축생 몸을 받는 정도는 문제도 아닙니다. 오죽하면 큰 절의 주지 스님들이 구렁이 몸 받고 소 몸 받겠습니까? 이거 참 무섭습니다. 그렇기 때문에 여러분들은 이것만 아십시오.

진짜 염불

내가 "관세음보살" 하면 이 몸 이대로 관세음보살이에요. 자체성이 없는 이 몸뚱이, 색상신은 자체성이 없으니 관세음보살 되는 것을 거부하지 않아요. 내가 만약 "산신(山神)"을 염한다고 하면 내가 산신이 되는 거예요. 이 몸뚱이는 거부할 줄 몰라요. 자체성이 없고, 느낌이 없으니까요. 그러니까 내가 생각하는 대로 다 됩니다. 이걸 우리가 모를 뿐이에요.

이런 도리를 모르고 우리가 염불할 때 관세음보살이면 관세음보살, 아미타불이면 아미타불을 따로 딱 떼어 놓고 '내가 염불한다'고 생각하면 안 됩니다. 이런 사고방식은 있을 수 없어요. 허공에 어찌 나와 네가 있습니까? 내 허공이 따로 있고, 너 허공이 따로 있고, 부처님 허공이 따로 있던가요?
가만히 생각해 보세요. 이것 참 중대한 문제입니다.
따라서 숱한 부처와 보살이 되는 것이나, 파순이 되는 것이나 모두 마음 씀씀이 하나로 결정되는 거예요. 어느 것이나 그 당처는 청정심(淸淨心) 하나뿐이며, 마음 씀씀이에 따라서 수많은 명호(名號)가 붙는 겁니다.

서울에서 가만 보니 염불하는 분들이 염불하는 데만 들어앉아 있어요. 염불하는 것이 나쁜 것이 아니에요. 염불하고 예불하는 것은 불법을 굴리는 데 있어서 참으로 중요한 방편입니다. 그런데 염불을 해도 하는 줄 알고 해야 된다는 말이지요. 그래서 이 노래를 지은 겁니다.

부처님 거울 속의 제자의 몸은
제자의 거울 속의 부처님에게
되돌아 귀의하는 이치를 알면
부처가 부처 이름 밝히심이네

다시 한 번 말합니다. 내가 "관세음보살, 관세음보살" 하면서 염불하는데, 나중에 알고 보면 자기가 자기 이름 부르는 겁니다. 아미타불, 관세음보살, 문수보살, 보현보살, 미륵보살, 대세지보살, 제불보살마하살, 시아본사 석가모니불, 유마거사, 어떤 명호를 부르든 사실은 자기 이름 부르는 거예요.

그런데 보통 사람들이 염불할 때 보면, "나무아미타불 관세음보살" 자기 입으로 턱 불러 놓고 연상을 합니다. 자기 깜냥대로 연상합니다. 내가 부처님 명호를 모셔놓고 하나의 환상세계를 그리고 있어요. "관세음보살" 하면서 관세음보살의 모습을 연상하거든요. 자기 인연대로 돌이나 금이나 쇠로 만들어 놓은 걸 연상하면서 관세음보살을 연상해요. 문수보살이면 문수보살, 보현보살이면 보현보살, 석가세존이면 석가세존을 연상하는데, 자기가 불러놓고 연상합니다.

그럼 어떻게 될까요? 꼭두놀음에 지나지 못합니다. 달마 대사께서는 "모습이 있으면 절대로 불보살이 아니다"라는 말씀도 하지 않았습니까? 그러면 어떻게 해야 되겠습니까? 이것이 문제입니다. 여기에 깊은 의미가 있어요.

내 입으로 "나무아미타불 관세음보살" 하고 부르고 그 명호를 내가 끌어잡았어요. 또 다른 사람이 "나무아미타불 관세음보살" 하고 부른 아미타불 관세음보살 그 명호도 내가 끌어잡았거든요. 그 명호를 통해서 내 깜냥대로의 그 도리도 내가 끌어잡았어요. 결국 염불하는 입장에서 보면 "나무아미타불 관세음보살" 한 사람이 누구입니까? 내가 했거든요. 내가 불렀으니 이 뿌리는 나한테 있는 것 아닙니까?

아미타불이 누군가요? 관세음보살이 누군가요? 바로 나입니다. 그래서 염불삼매(念佛三昧)에 들어가면,

  부처님 거울 속의 제자의 몸은
  제자의 거울 속의 부처님에게
  되돌아 귀의하는 이치를 알면
  부처가 부처 이름 밝히심이네

하는 것이 이것입니다.

자기 자신이 아미타불인 줄 모르고, 자신이 관세음보살인 줄 모르고 의타적(依他的)으로 마음을 두면, 벌써 이건 꼭두놀음입니다. '내일 어디 가서 술을 먹어야 되겠다' 이런 생각을 하면서 아미타불을 부르면 어찌 될까요? 그건 도깨비놀음에 지나지 못하는 겁니다. 그건 이미 염불에서 벗어난 거예요.

절대성 자리로 본다면 부처님의 절대성과 우리의 절대성이 둘이 아닙니다. 둘로 갈라놓을 도리가 없으니 하나일 수밖에 없어요. 이렇게 본다면 곧 납득이 가지 않습니까? 우리가 명호를 자기 스스로 생각했기 때문에 자신의 입을 통해서 나온 것이거든요. 그래서 자기가 이걸 끌어 잡았으니 아미타불 명자를 준 사람도, 또 받아들인 사람도 나입니다. 나 이외에는 있을 수가 없어요. 만약 나 이외에 뭣이 있다고 하면, 그건 사도입니다.

여래 재출현(如來 再出現)

중생을 제도하는 것이 부처님의 사업입니다. 부처님은 사람을 죽이는 칼 살인도(殺人刀)와, 사람을 살리는 칼 활인검(活人劍)을 가지고 중생을 제도합니다.

그러면 중생은 무엇이 되나요?

부처님의 사업장(事業場)이에요. 중생이 없다면 부처님이 발붙일 곳이 없어요. 그렇지 않은가요?

그러면 우리는 거룩한 부처님의 사업장이고 부처님은 중생을 제도하는 것이 사업이에요. 사업장이 없는 사업이 어떻게 이루어질 수 있겠습니까? 사업장이 있음으로써 부처님의 소식이 그대로 이루어지는 겁니다.

그렇다면 어떻습니까? 사업장과 사업을 하는 이가 같은가요, 다른가요? 우리 중생들은 부처님의 사업장이니만큼 도리어 더 우쭐할 수 있는 것 아니겠습니까? 우쭐하려면 이 도리를 알고 우쭐해야 됩니다. 우리가 없으면 불보살이 발붙일 곳이 없지 않아요? 내가 없으면 불보살이 발붙일 곳이 없다는 말입니다. 이거 엉뚱한 말 같지만, 가만히 생각해 보면 절대 엉뚱한 말이 아니에요.

여러분이 없는데 불보살이 어디 있겠어요? 그리고 만약 여러분이 없는데 불보살이 있다면, 불보살이 있다 해도 나하고는 아무런 상관이 없지 않겠습니까? 여러분이 없으면 불보살도 있을 수 없는 이유는, 여러분의 참 생명 자리는 허공에 뿌리를 박고 있고 불보살의 생명도 그 뿌리를 허공에 박고 있기 때문입니다.
허공은 빛깔도 소리도 냄새도 없지만, 허공은 하나의 허공이지 어디 둘이나 셋이나 넷이 있나요? 그러니 여러분이 있음으로서 불보살이 있는 거예요. 불보살이 있음으로서 여러분이 있어요. 이런 결과가 있습니다. 그러하기 때문에,

'부처님 거울 속의 제자의 몸은'
부처님 거울 속에 우리 얼굴이, 내 몸이 환하게 비쳐요.

'제자의 거울 속의 부처님에게'
부처님이 딴 데 있는 부처님이 아니라, 내 거울 속의 부처님이란 말이에요. 부처님의 분상(分上)으로서는 내가 부처님 거울 속에 있어요. 이거 말이 조금 어려울는지 모르겠지만 슬기가 날카로운 분들은 금방 알아듣습니다.

"부처님이 어디 계신가?" 내 거울 속에 있어요.
"나는 어디 있나?" 나는 부처님 거울 속에 있어요.

부처님의 분상으로서는 부처님의 거울 속에 내가 있고, 여러분이 있어요. 또 여러분의 분상으로서는 여러분의 거울 속에 일체 불보살들이 있는 거예요.

그렇게 해서 부처님 거울 속에 있는 중생들이 내 거울 속에 있는 부처님에게 제도를 받게 돼요. 그런 줄 알면 됩니다.

제도(濟度)란 무엇인가요?
사람의 미(迷)한 걸 깨뜨려 주는 것이 제도입니다. 다른 거 아니에요.
그러니 어찌 부처님하고 우리하고 둘이겠습니까? 여러분이 없으면 부처님도 없어요. 뿐만 아니라 욕계 색계 무색계가 온통 없어져 버립니다.
무슨 말이냐고요? 이 땅덩어리 누가 만든 줄 압니까?
허공으로서인 여러분이 만든 겁니다!
여러분이 조그마한 몸뚱이 속에 들어앉아서 몰라서 그렇지요.

태양이든지 은하계, 욕계, 색계, 무색계든지 다 누가 만든 줄 압니까?
여러분이 만들었습니다. 허공으로서인 여러분이 만든 거예요. 여러분들은 이 색신에 딱 주저앉아 있기 때문에 그걸 모를 뿐이에요. 여러분의 본바탕은 원래 호호탕탕(浩浩蕩蕩), 큰 것도 아니고 작은 것도 아닙니다. 위도 아래도 없고 왼쪽 오른쪽도 없어요. 이러한 자리가 여러분에게 의젓하게 있어서 이러한 색신도 나투어 인생살이 하는 겁니다.

그런데 여러분 생각해 보세요.

나라고 할 때나 내가 있지, 나라는 생각이 없을 때는 빛깔도 소리도 냄새도 없는 그 자리를 걷어잡지 못합니다. 몸뚱이는 자체성이 없으니, 나라는 생각도 없을 때 이 몸이 어찌 나인가요?

내가 불보살의 명호를 부르며 예불할 때는, '아미타불' 하면 아미타불 하나뿐이고, '석가모니불' 하면 석가모니불 딱 하나뿐입니다. 내 마음자리에 석가모니불 명호를 하나 세우면, 이 몸 그대로가 석가모니불인 거예요. 그럴 때는 간탐심(慳貪心)이 없어요. 아상(我相)을 여의게 됩니다. 그러면 여래 재출현(如來 再出現)이란 말이 나오지 않겠습니까?

또 유마거사의 법을 받아 공경합니다. 내 마음으로 유마거사를 흠모해요. 그러면 그때 내 마음에는 다른 생각이 없어요. 다시 말하자면 번뇌도 없고, 간탐심도 없고, 탐진치에 대한 마음도 없어요. 그러니 유마거사를 흠모하는 마음 하나뿐이면, 이 몸뚱이 그대로 가진 채 내가 유마거사가 되는 겁니다. 이렇게 닦아 나가면 바로 여래(如來)가 재출현(再出現)하는 겁니다.

부처님의 몸도 자체성이 없습니다.

부처님의 몸도 적혈구 백혈구, 세포의 가죽 뭉치거든요. 우리 몸도 그렇거든요. 우리 몸은 자꾸 변하는 거예요. 상대성에서 보면 자꾸 변하는 겁니다. 그러나 그 주인공은 마음 하나뿐이잖아요?

"아미타불"을 부르면서 간절하면, 내가 아미타불이 될 수밖에 다른 도리가 없어요. 내가 아미타불이 되지 않고 누가 될 겁니까? 그렇지 않은가요? 이 도리를 알고 관세음보살을 마음으로 부르면, 여러분의 육신 그대로 관세음보살이 되는 겁니다. 이때는 우리 몸과 관세음보살의 몸이 차별이 없어요. 부처님 몸이라 해서 세포가 다르고 중생의 몸이라 해서 세포가 다른 거 아니거든요. 꼭 한 가지입니다.

그러하니 여러분은 마음씀씀이를 그렇게 가져야 합니다. 탐심(貪心)을 여의고 아상(我相)을 여의어서 청정(淸淨)한 마음을 가져야 해요. '허공으로서의 나'란 식으로 턱 가져서 아미타불이나 관세음보살의 명호를 마음에 딱 모시는 겁니다. 그러면 그 마음은 안에 있는 것도 아니고 바깥에 있는 것도 아니고 다른 데 있는 것도 아닙니다. 그러나 있어요.

어떤 사람은 내 마음하면, 내 마음이 있다고 생각합니다. 내 마음이 어디 있나요? 물론 마음에는 네 마음, 내 마음이 따로 있는 것이 아닙니다. 불보살의 마음과 우리 마음이 하나입니다. 그 마음속에 여래의 명호를 세워 모시면 바로 이때가 여래가 재출현하는 때입니다. 여래 재출현이 그리 어려운 것이 아니에요. 이건 과학적이고 이론적이에요. 그러면 우리가 신봉하는 대로 여래님도 될 수 있고, 아미타불도 될 수 있습니다. 관세음보살,

문수보살, 보현보살, 유마거사 다 될 수 있는 거예요. 안 되는 건 자기 마음이 안 된다는 생각에 잡혀 있기 때문입니다.

여러분들은 간탐심(慳貪心)이 많아요. 간탐심은 여러 가지 형태로 일어납니다. 고양이의 간탐심은 고양이의 식(識)으로 나오고, 쥐의 간탐심은 쥐의 식으로, 개의 간탐심은 개의 식으로, 돼지는 돼지의 식, 소는 소의 식으로 나옵니다. 그런 식으로 간탐심도 천가지 만 가지인데, 만약 소의 간탐심이든지, 돼지의 간탐심이든지, 개의 간탐심이든지, 그런 마음으로 내가 턱 이루어지고, 마음이 난 대로 행을 그리 해 버리면 어떻게 되느냐? 그러면 이 몸 그대로 가지고 그만 개가 됩니다. 육신 이대로 개인 거예요. 돼지와 같은 간탐심이 있다면, 육신 이대로 돼지인 거예요. 사람 모습의 육신을 하고 말로는 사람이라고 하더라도 주인공은 돼지거든요. 그렇기 때문에 "우리는 좋은 인(因)을 심읍시다" 하는 말이 그 말입니다.

이 몸에 의지할 때는 돼지의 마음을 가져도 사람들은 그런 줄 몰라요. 도인들은 보면 알지만 보통 사람들은 모릅니다. 그러니 몸만 사람 모습의 탈을 덮어 썼지 돼지 몸이거든. 개 몸, 뱀 몸이거든요. 그런 마음씨를 길게 가져서 버릇이 되고 습성으로 굳어 버리면, 자기가 평상시에 사람의 몸을 받고 있을 때에도 이런 탈을 뒤집어쓰게 됩니다. 이거 참 과학적이에요. 공부하는 데를 좋아하면 부처 몸도 뒤집어 쓸 수 있고, 보살 몸도 뒤집어 쓸 수 있습니다. 개 몸, 돼지 몸도 뒤집어쓰는데 부처 몸 뒤집어쓰지 못할까요? 전부 빛깔도 소리도 냄새도 없는 이 자리가 이러는 겁니다.

무슨 인연으로 우리가 이런 얘기를 하게 됐는지 별 문제로 하고, 어쨌거나 사람을 전부 사람으로 보지 마세요. 부처님이 '중생은 중생이나 이름뿐인 중생이다'라고 말씀하신 뜻 그대로, '사람은 사람이나 이름뿐인 사람이다'라고 봐야 합니다. 육신을 사람 모습으로 나투었으니 사람이라고 할 뿐이지, 진짜 법성신 분에 있어서는 간탐이 있거나, 탐진치가 있거나, 미련하거나 하는 여러 가지가 있지 않겠습니까? 사람의 마음씀씀이는 천 가지 만 가지에요. 그걸 알아듣기 쉽게 구분해 말하자면 개의 마음이라 해도 좋고, 뱀의 마음이라 해도 좋고, 돼지, 족제비, 닭, 비둘기의 마음씀씀이라 할 수도 있겠지요. 아무튼 그런 마음씀씀이 중에 자기에게 맞는 것이 모습놀이 하는 중에 나오는 거예요. 자기 마음에는 그런 마음씀씀이가 좋은 겁니다. 그런데 자꾸만 그런 식으로 마음을 쓰다가 습성화돼 버리면 정말 큰일입니다.

어째서 그런 마음씀씀이가 나오게 되는 걸까요?
아상(我相)이 있는 데서 그것이 나옵니다.
아상이 없으면, "그런 생각 가져라, 너 그런 생각하면 돈 줄게" 하면서 그런 생각하라고 해도 그런 생각이 가져지지 않습니다.

탐진치도 전부 모습인데, 그런 모습을 나라고 생각해서 거기에 아상을 두는 겁니다. 그러면 거기에서 일어나는 경계(境界)와 타협해서 일어나는 마음씀씀이가 나오게 됩니다. 마음씀씀이 그것도 다 모습입니다. 그러니 후 세상에 우리가 어떤 몸을 받게 될지, 이미 준비가 다 되어 있는 거예요.

공부를 지어 가면 이런 마음씀씀이는 단시일에 뜯어고칠 수도 있어요. 그러나 저러나 이걸 뜯어고칠 줄 모른다면 여러분들은 지금 가지고 있는 마음씀씀이의 모습 그대로 가서 다음 생의 몸을 받습니다. 왜 그런가요? 몸뚱이는 바보예요, 제멋대로 변하는 거라. 빛깔도 소리도 냄새도 없는 자리가 이걸 결정하고 있거든요. 현재 자기가 좋아하는 대로 굳어진 습성, 그 마음씀씀이의 모습에 맞는 탈을 뒤집어쓰는 것이에요.

그러나 평상시에 우리가 공부하는 걸 좋아하고 너그러워요. 이 자체가 실답지 않다는 걸 알아서 실상이 아니다. 이거 실다운 상이 아니거든요. 평상시에도 이걸 알아서 마음으로 닦아요.
그러면 닦는다는 것은 무엇을 닦는다고 하는 겁니까? 마음으로 그런 생각을 잊어버리지 않는 겁니다. 잊어버리지 않고 그대로 죽 나가면 어떠한 결과가 나느냐? 이것이 하나의 버릇이 돼버리는 거예요. 몸뚱이는 아무래도 버려야 되는 것이거든요. 있을 수가 없어요. 또 버려야 돼요, 그래야 자꾸 다른 새로운 걸 받기 마련인데 이거 참 멋지지요.

몸뚱이를 버리더라도 실상(實相)을 바탕으로 한 버릇이 가는 거예요. 갈 데도 없고 올 데도 없지만 말이죠. 이것이 움직거려서 다시 사람의 몸을 받아도 귀한 몸을 받아, 보살의 몸도 받을 수 있어요. 그러니까 이 이상 더 과학이 어디 있나요? 그러하니 우리는 일상생활에서 늘 '허공으로서의 나다' 이렇게 생각해 나갑시다. 이렇게 하면 괜찮을 겁니다. 여러분에게 절대로 손해가 없을 거에요.

4장

십자송
十字頌

십자송(十字頌)

온갖 중생은 본래로 부처러니
둘로 보아서 모습에 붙이이면 도깨비굴에 떨어진다
삼세로 낳고 꺼짐이라서 이 묘한 씀이러니
네 가지 갈래는 연을 따라 이뤄지네
다섯 쌓임이 어찌 해맑은 몸이 아니리요
육도만행도 문턱은 아니어늘
칠보의 보시는 그 이익이 많기는 하나
팔풍이 움직이지 아니해야 참으로 공덕이니라
누리의 영특스런 앎을 너는 의심치 말지니
시방의 숱한 세계는 마음가운데 밝더구나

 一切衆生本來佛 일체중생본래불
 二見着相落鬼窟 이견착상낙귀굴
 三世出沒是妙用 삼세출몰시묘용
 四種異類遂緣成 사종이류수연성
 五蘊豈非淸淨身 오온기비청정신
 六度萬行無關事 육도만행무관사
 七寶布施其利多 칠보보시기리다
 八風不動眞功德 팔풍부동진공덕
 九霄靈知勿汝疑 구소영지물여의
 十方沙界心中明 시방사계심중명

십물계(十勿戒)

비록 마음과 몸을 빌었어도 본래의 드높은 자리임을 잊지 말라
비록 처자를 두었으나 쏠려봄에 떨어지지 말라
비록 가업을 이으나 삿된 이익을 탐하지 말라
비록 세상법으로 더불어도 큰 도를 버리지 말라
비록 천하에 노니나 법성품을 뭉개지 말라
비록 인연 일어남을 짝하나 악한 뿌리를 용납지 말라
비록 천하에 노니나 법성품을 뭉개지 말라
비록 모습 없음을 마루하나 덕 심기를 게을리 말라
비록 삼매에 있으나 선의 새김을 세우지 말라
비록 지관을 즐기나 길이 사그라짐에 들지 말라
비록 낳고 죽음을 쓰나 더러운 거님을 하지 말라

雖藉心身勿忘本尊 수자심신물망본존
雖有妻子勿墮愛見 수유처자물타애견
雖承家業勿貪非利 수승가업물탐비리
雖與世典勿捨大道 수여세전물사대도
雖遊天下勿壞法性 수유천하물괴법성
雖伴緣起勿容惡根 수반연기물용악근
雖宗無相勿怠種德 수종무상물태종덕
雖在三昧勿立禪想 수재삼매물립선상
雖欣止觀勿入永滅 수흔지관물입영멸
雖用生死勿爲污行 수용생사물위오행

마음과 허공은 하나

생각해보세요. 누리가 하나입니다. 허공이 하나예요.
그러니까 허공이 하나니 지도리도 하나라.
또 지도리가 하나니 생명도 하나일 수밖에 없거든요.

생명이 이렇게 각자 나툰 것은 하나인 여래상(如來相), 여래의 지덕(智德), 지혜와 덕이 있기 때문에 산하대지도 나투고, 이런 일도 하고 저런 일도 하는 겁니다. 슬기 자리도 그냥 슬기가 아니라 덕(德)을 갖춘 슬기 자리가 있기 때문에, '파도처럼 숱한 사람의 모습을 나투어도 그 자리는 하나다'라고 부처님이 말씀하신 거예요. 그 자리는 하나인데 사람들은 경계에 닿질려서 일어나는 망령된 새김[想] 때문에 거기에 딱 집착해버립니다. 생각하면 참 무섭습니다.
망령된 새김에 딱 집착하기 때문에 본래의 소식을 증득하지 못한다 이 말입니다.

참으로 우리가 허공이 하나라는 사실을 뼈저리게 느낄 수 있다면 부처님께서 하신 말씀이 그대로 알아져버립니다. 그러나 보통 사람들은 허공에 대한 생각은 꿈에도 하지 않습니다. 허공중에 지구가 둥둥 떠돌고 있는데, 이 지구 자체도 생각을 못해요. 그저 땅이다 하고 생각할 뿐입니다.

사람들이 가장 집착하는 것은 이 몸뚱이입니다.
그러나 우리들은 몸뚱이가 실답지 않다는 것은 이제 다 압니다.
몸뚱이에는 자체의 성품[自體性]이 없어요.
그러니까 한 살, 두 살 때 몸도 없고, 열 살, 스무 살 때 몸도 없습니다. 여러분이 지금 이 몸뚱이를 가지고 있다 할지라도 나중에는 이 몸 없어집니다. 내년에는 싹 바꿔지거든요. 우리가 바꿔지는 줄 모를 따름이지 머리털이나 뼈까지도 몇 년 안에 싹 바꿔져 버립니다. 그러다가 나중에 가는 곳이 불구덩이나 흙구덩이인데, 이걸 '나'라고 딱 집착합니다. 몸을 위해서 여름이 오면 여름옷을 입혀주고, 겨울이 오면 겨울옷을 입혀주고, 술도 먹고 밥도 먹고 고기도 먹게 되거든요. 이렇게 갖가지로 몸에 집착해서 몸을 살리기 위해 애쓰다 보면 본래의 소식은 그만 깜빡 잊어버리는 거예요.

내 마음은 빛깔도 소리도 냄새도 없습니다.
허공도 빛깔도 소리도 냄새도 없어요.
그렇다면 마음과 허공은 둘로 나눌 수 없습니다.
허공이란 말이 있어서 그렇지, 허공 곧 마음이요 마음 곧 허공입니다. 참말로 우리가 마음의 형태를 알려면 허공을 보면 됩니다.

그러나 허공에는 아무 것도 없으니까 볼 것이 없어요. 보려고 한다면, 볼 것이 없는 걸 볼 줄 알면 되는데, 아무 것도 없다고 관심이 없어요. 빛깔이나 모습에만 자꾸 마음을 뺏긴다 이 말입니다. 사람들의 습성이 그렇게 돼 있어요.

실은 산하대지(山河大地)가 전부 허공성(虛空性)이고 다 하나인데, 꼭 물거품 이루어지듯이 그 모습을 나투었어요. 이것뿐이에요. 나투었지만 나무나 돌도 허공성이고, 우리의 몸도 허공성입니다.

이렇게 본다면 허공과 지구, 혹은 허공과 태양을 둘로 볼 필요가 없고 또 둘로 볼 수도 없어요. 그렇지만 사람들은 이런 사실에 대해서는 그저 깜깜합니다.

그런데 여러분만 그런 것이 아니라 과거에 성현(聖賢)들도 그랬습니다. 삼라만상 모든 모습을 실다운 것, 진짜로 봤어요.

모든 것에는 이름자가 있습니다. 지구다 땅덩이다 나무다 하느님이다 부처님이다 중생이다 하는 식으로, 중생의 지견에 따라 다 지어 붙여놓고 그 이름자에 전부 매달립니다. 사실은 그 이름자가 진짜가 아닌데, 진짜인 줄 알고 말이에요.

여래 지혜덕상(智慧德相)의 바탕(體)과 씀이(用)

십자송(十字頌)은 바탕, 곧 체(體)입니다. 바탕을 들낸 겁니다.
그럼 십물계(十勿戒)는 무엇인가? 십물계는 용(用), 씀이입니다.
사실로 여러분들이 십자송을 바탕으로 해서 십물계의 씀이를 그대로 굴리면 그것이 지혜덕상(智慧德相)입니다. 십물계를 그렇게 굴리지 않으면 덕(德)이라는 것이 있을 수 없어요. 사실 여러분들이 예불송만 납득이 가고 관심이 있다면, 말 그대로 팔만대장경이 이 속에 다 있습니다. 이걸 떠나서 팔만대장경이 따로 있을 수 없습니다. 이걸 내가 만들었다고 '머리가 좋아서 그렇게 만들었겠지'라고 여러분들이 간단하게 생각할는지 모르겠습니다만, 참으로 허공의 뼈를 추려낸 겁니다.

원래의 체성면(體性面) 자리, 덕상(德相)의 앞 소식, 여래의 슬기 자리[如來智]를 나투려면 말로 나투어지는 것이 아닙니다. 그러나 말을 여읠 수도 없어요.
이걸 나투려면 십자송 그대로 나눠 보세요.「절대성 상대성」에 다 있습니다. 어쨌든지 여러분들 이걸 가지고 씨름하세요.
그러면 누리의 바탕이 완전히 딱 잡혀 버립니다.

십물계는 용(用), 씀이입니다. 십물계를 여러분들이 읽고 관심을 가져서 십물계와 같이 행동한다면 그것이 바로 여래의 지덕상(智

德相)입니다. 십자송은 여래의 지덕상의 바탕이고, 십물계는 여래의 지덕상의 씀이입니다.

지덕상이 무엇인가 하는 것을 말마디로만 알면 아무런 소용이 없습니다. 뜻이 이렇다 하는 걸 알면 그대로 행해야 합니다.
여러분들이 가정 살림하면서 사업하면서 아이들을 키우면서 행할 수 있는 거예요. 할 수 없는 것이 아닙니다. 그러기 때문에 불법을 참으로 알면 그대로 행을 해야 합니다. 행을 하면 그대로 재미가 쏟아집니다. 깨 쏟아지듯이 재미가 쏟아진다는 말이 있지 않습니까? 정말로 이걸 알면 깨 쏟아지듯이 재미가 쏟아지는 겁니다.

지구가 생긴 뒤로 많은 성현들이 있었지만 이러한 도리를 캐내지 못했습니다. 절대성 자리 못 캐냈어요. 결국 절대성 자리를 캐내지 못하면 중생들이 지어낸 명자(名字), 이름자에 의지하는 수밖에 다른 도리가 없습니다. 그러니까 한편 생각하면 참 불쌍한 일입니다. 그러나 중생의 지견이 그렇게 미치지 못하는 데야 어쩔 도리가 없어요.

그러니까 문학이니 시(詩)니 사상이니 하는 것이 전부 상대성 놀음이에요. 자본주의니 공산주의니 전부 상대성을 바탕으로 해서 상대성을 굴리기 위한 거예요. 물론 상대성을 바탕으로 해서 상대성을 굴리기 위한 노력은 고맙습니다. 그런 사람도 있어야 해요. 그러나 절대성 자리를 찾지 못했거든요. 부처님만이 절대성 자리를 딱 들내서 상대성 놀이를 하는데, "이것은 전부 씀씀이라 실다운 것이 아니다. 사람도 초목도 일체만법이 다 그렇다"라고 말씀하셨어요.
그런데 상대성놀이에 젖은 사람들은 부처님 말씀이 너무나 엉뚱해서 도저히 그럴 것 같지 않다고 생각합니다.

그러나 요즈음 사람들은 그렇지 않아요. 학생들에게 "눈이 보는 것 아니다. 귀가 듣는 것 아니다" 하면 바로 납득합니다.
처음에는 눈이 둥그레집니다.

"어째서 내 눈이 보는 것이 아닙니까?"
"자체성(自體性)이 없기 때문에 그렇다."
"어째서 내 귀가 듣는 것이 아닙니까?"
"자체성이 없기 때문에 그렇다."
"……"
"눈을 통해서 귀를 통해서 보고 듣는 놈은 따로 있다. 그건 빛깔도 소리도 냄새도 없는 자리다. 잠잘 때 꿈속에서 보고 듣고 하지 않느냐?"

사실 우리가 죽고 사는 문제를 해결하려면 누리의 바탕, 진리를 알아야 합니다. 그걸 모르면 천만 년 공부해도 어쩔 도리가 없어요. 왜 그럴까요? 이쪽 방향으로 갈 사람이 저쪽으로 가는데, 어떻게 이쪽으로 갈 수가 있겠어요? 이쪽 방향으로 가려면 이쪽으로 가야 되지요. 그러하니 여러분들 이 기회에 일대 각오를 해서 인생문제를 해결하는 방향으로 나가야 합니다.

여래의 지혜덕상을 나투는데 있어서 그 지혜의 바탕, 체를 들내는 일은 도저히 말 가지고는 안 됩니다.
"어떻게 하면 또렷하게 지혜덕상을 나툴 수 있겠는가?"
"어떻게 하면 지혜덕상을 내 마음대로 굴릴 수 있겠는가?"
이것이 문제입니다. 그리고, 그 답이 십물계입니다.
그럼 지혜덕상을 한 번 다뤄 봅시다. 지혜덕상으로 국수도 만들고 단술도 만들어서 우리가 배불리 한 번 먹어보자 말이에요. 우리가 지혜덕상을 한 번 요리해 보자 그 말입니다.

출가한 스님들도 이걸 가져야 됩니다. 혈연을 끊고 출가했다고 농부가 지어놓은 쌀 먹지 않습니까? 공장에서 나온 옷감으로 옷을 만들어 입지 않는가요? 어쩔 도리가 없습니다. 이러하니 누구나 이걸 다 가져야 하는데, 특히 우리 거사로서는 이걸 하루도 놓쳐서는 안 됩니다.

예불송의 동업보살의 서원에 '우리는 옛적부터 비로자나 법신이나' 하는 귀절이 있습니다만, 여래의 지혜덕상이 바로 비로자나불(毘盧遮那佛)이라고 여러분들이 이름 세워서 말하면 바로 그렇게 할 수 있습니다. 여러분들은 비로자나불이기 때문에 중생의 몸도 나투고 있는 거예요.

'내가 중생이다, 내가 부처다' 이런 생각을 하지않아. 부처라는 것도 생각하지 않고 중생이라는 것도 생각하지 않으면 그대로 부처인데, '아이고 따로 뭣이 있겠지' 하고 허덕거려요. 만년 해봤자 안 나옵니다. 허덕거리는 그 자리가 바로 부처인데 이걸 모르거든요. 뭣인가 따로 있는 것같이 생각합니다.

십자송

온갖 중생은 본래로 부처러니
둘로 보아서 모습에 붙이이면 도깨비굴에 떨어진다
삼세로 낳고 꺼짐이라서 이 묘한 씀이러니
네 가지 갈래는 연을 따라 이뤄지네
다섯 쌓임이 어찌 해맑은 몸이 아니리요
육도만행도 문턱은 아니어늘
칠보의 보시는 그 이익이 많기는 하나
팔풍이 움직이지 아니해야 참으로 공덕이니라
누리의 영특스런 앎을 너는 의심치 말지니
시방의 숱한 세계는 마음가운데 밝더구나

   一切衆生本來佛 일체중생본래불
   二見着相落鬼窟 이견착상낙귀굴
   三世出沒是妙用 삼세출몰시묘용
   四種異類邃緣成 사종이류수연성
   五蘊豈非淸淨身 오온기비청정신
   六度萬行無關事 육도만행무관사
   七寶布施其利多 칠보보시기리다
   八風不動眞功德 팔풍부동진공덕
   九霄靈知勿汝疑 구소영지물여의
   十方沙界心中明 시방사계심중명

[*백봉 선생님께서 일에서 십까지 열 개 숫자의 순서에 맞춰, 각각의 숫자로 시작하는 칠언(七言)의 노래를 지으셨으니 이것이 십자송이다. 거의 50여 년 전 백봉 선생님께서 서울에 주석하실 적에 지은 초기의 노래이므로 선생님의 육성(肉聲)이나 친필(親筆)로 된 설명이 보존된 것이 거의 없다. 제자(弟子) 야청(也靑)이 선생님의 설법을 들었던 기억을 더듬어 주(註)의 형식을 빌려 그 내용을 기록하여, 독자의 이해를 돕고자 했다.―편자 주]

'온갖 중생은 본래로 부처러니'
온갖 중생은 본래 부처입니다. '일체중생은 본래로 부처다'라고 할 때 공부가 되고, 자연히 비뚤어진 마음을 바로 옮겨 놓을 수가 있는 겁니다. 그래서 내가 중생불(衆生佛)이라 말하는 겁니다. 중생들 스스로가 자신이 부처인 걸 모를 뿐이지 그 성품 자리, 바탕은 부처와 한가집니다. 중생이 곧 부처라고 부처님도 말씀하시지 않았습니까?
[*모든 중생(衆生)들은 모두 다 불성(佛性)이 있으니 본래(本來)부터 부처[佛]이다. 그러니 중생불(衆生佛)이라고 할 수 있다. 대승불교는 이렇게 중생이 모두 부처라는 설명에서부터 시작된다. 화엄경에서 "심불급중생 시삼무차별(心佛及衆生 是三無差別), 곧 마음, 부처, 중생, 이 셋은 차별이 없다"고 이르셨다. 이 중생불이란 종지(宗旨)는 여러 대승경전(大乘經典)에 널리 산재(散在)하여 있다. ―야청 주]

'둘로 보아서 모습에 붙이이면 도깨비굴에 떨어진다'
두 가지로 생각해서, 곧 모습으로 생각해서 '나다, 너다' 분별하면 도깨비굴에 떨어진다는 말입니다. 여러분들이 이 도리를 안다면 벌써 '아, 내가 바로 허공의 주인공이로구나!' 하고 깨달아 알게 됩니다. 그러면 그 때 비로소 나의 복잡한 마음이 그냥 슬~ 가라앉게 됩니다. 슬~ 가라앉아요. 이 몸뚱이만 나라고 생각하던 사람들도 '이거 전부 헛되구나!' 하고 깨닫습니다. 그렇게 깨달으면 이 몸뚱이 버릴 때 두려움이 하나도 없게 됩니다.

왜 두려움이 없게 될까요? 나중에 또 다른 몸을 받게 되기 때문입니다. 이 자리는 절대성 자리니까 상대성(相對性)을 또 나투게 돼있거든요. 그러니 죽는 것이 무엇이 두렵겠느냐는 말이에요. 두렵다고 해서 문제가 해결된다면 모르겠지만, 두렵다고 해서 죽을 사람이 죽지 않겠어요?

모습은 반드시 변하는 겁니다.
'낙동강 모래알을 다 모아도 똑같은 놈이 없다' 하는 이유가 여기에 있는 것이지 다른 거 아닙니다.
가만히 생각해 보세요.
천하의 솔잎을 다 모아도 똑같은 놈은 하나도 없어요.
상대성이기 때문에 그렇습니다.
상대성은 무엇이냐? 실답지 않은 겁니다.
실답지 않다는 건 자체성(自體性), 곧 자체의 성품이 없다 그 말이에요.

여러분도 상대적인 몸입니다.

여러분의 몸뚱이는 자체성이 없어요.

자체성이 없기 때문에 제멋대로 변하는 겁니다. 제멋대로 변해서 나중에 불구덩이나 흙구덩이로 가는 것 아니겠어요?

[*중생이 본래 부처인데 허망하게 이견(二見)을 가지면서, 윤회(輪廻)라는 귀신(鬼神)의 굴택(窟宅)에 타락한 것이다. 즉 중생불(衆生佛)이 본각(本覺)에서 주체(主體)와 객체(客體)로 이견(二見)을 분리, 대립시키면서 불각(不覺)인 무명(無明)이 나오고, 이 망념(妄念)이 전전하여서 생사(生死)하는 중생이 되었다. 그리고 계속하여 이견에서 탈출하지 못하므로 생사윤회를 벗어나지 못하는 도깨비 신세가 된 것이다.

도깨비가 되어서 사용하는 이견(二見)은 사물을 상대적(相對的)인 관점에서 양분(兩分)하는 것이니, 만법(萬法)을 이것과 저것, 크다와 작다, 옳다와 그러다, 밉다와 곱다, 좋다와 나쁘다 등등으로 구별하는 이런 생각이 모두 이견이다. 이런 분별(分別)의 기준은 사람마다 각각 다른 경우가 대부분이다. 또 이 기준이 시간과 환경에 따라서 변화하니, 정해진 견해[定見]가 없다. 이견으로 나뉜 생각을 분별망상(分別妄想)이라 한다.

이 이견(二見)으로 인해 중생들은 눈앞에 나타난 모습에만 집착하므로, 진상(眞相)을 파악하지 못하고, 따라서 윤회(輪廻)라는 귀신굴에서 벗어나지 못하게 되었다. 즉 목전(目前)에 나타난 모습은 인연(因緣)따라 나타나고 사그라지는 것이니, 실체(實體)가 아닌데, 그런 연기(緣起) 현상을 고정된 존재, 혹은 자체 성품이 있다고 믿고서, 다시 분별하는 이견에 끄달리게 되면 영원히 생사윤회하는 도깨비 신세를 면할 수가 없다. -야청 주]

'삼세로 낳고 꺼짐이라서 이 묘한 씀이러니'

났다 죽었다 하는 건 묘용의 도리입니다. 났다 죽었다 하는 것은 모습이, 상대성이거든요.

[*삼세(三世)는 과거·현재·미래, 또는 전생, 현생, 후생을 말하고, 출몰(出沒)은 생겨나고 꺼지는 생사(生死)를 거듭하면서 윤회함을 가리킨다. 이 생사윤회(生死輪廻)가 사실은 중생들의 마음이 모습에 끄달려서 이견(二見)을 사용함으로써 생기는 묘용(妙用)이라는 말이다. 명이 다하여 목숨이 끊어져도 다시 윤회하여 다음 생(生)으로 태어나니, 불사(不死)라는 말이다. 그러하니 생사윤회가 바로 묘한 작용이 아닐 수 없다. -야청 주]

'네 가지 갈래는 연을 따라 이뤄지네'

사종은, 태란습화(胎卵濕化)입니다. 이것이 인연에 따라서 나툰다는 말입니다.

[*사종(四種) 이류(異類)는 중생들의 태어나는 모습이 태(胎)·난(卵)·습(濕)·화(化) 네 가지 갈래로 각기 다르다는 말이다. 중생들이 삼계(三界)인 욕계(欲界)·색계(色界)·무색계(無色界)에서 출몰하되, 각각 태어나는 모습이 다른 것은 모두 전생(前生)에 지은 업연(業緣)에 따라서 구별되는 것이다. 설령 같은 종류로 태어나더라도, 각자의 업(業)이 다르기 때문에, 이 무한한 우주(宇宙)에 꼭 같은 모습을 가진 중생은 하나도 없다고 강조하셨다. -야청 주]

'다섯 쌓임이 어찌 해맑은 몸이 아니리'요

오온이 어디 청정심이 아니더냐 이 말입니다.

[*오온(五蘊)은 개개인의 몸과 마음을 구성하는 다섯 요소, 곧 색(色)·수(受)·상

(想)·행(行)·식(識)이다. 색(色)은 물질인 몸, 식(識)은 의식의 주체인 마음이고, 수상행(受想行)은 정신작용(精神作用)을 세분한 것이다. 그리고 청정신(淸淨身)이란 해맑은 몸이라는 말이니, 이 오온이 곧 청정(淸淨)하다는 뜻이다. 이 구절은 설명이 좀 필요하다. 우리의 몸과 마음이 청정(淸淨)하다는 이유가 궁금하다.

선(善)과 악(惡)을 쉴 새 없이 넘나드는 마음은 그만 두더라도, 똥과 오줌이 피 고름과 뒤섞여서 지독한 냄새가 나는 몸을 청정하다고 표현하는 것은 상식(常識)에 반(反)하기 때문이다.

그러나 우리의 육체와 정신의 본체(本體)를 분석해 보면, 우리는 이렇다 할 바탕을 얻어낼 수가 없다. 육체를 이루는 물질은 여러 가지 분자(分子)로 형성되어 있는데, 그것을 세분하면 원자(原子)나 소립자(素粒子)가 나타난다. 그런데 아주 미세한 소립자(素粒子)라도 배율이 좋은 확대경(擴大鏡)으로 관찰하면 분석할 대상(對象)이 나타나므로, 물질의 본체인 기본입자(基本粒子)를 찾는 작업은 끝나지 않는다. 정신의 본체를 찾는 분석도 사정은 같다. 분석하면서 찾는 주체(主體)가 있는 한 대상은 계속하여 나타나기 때문에 본체(本體)는 끝내 찾을 수가 없다. 그래서 "오온(五蘊)을 조견(照見)하니 모두 공(空)이다"라고 한다. 이 오온은 전생(前生)의 업(業)에 따라서 나타나지만, 실체가 없어서 빈 것이니 환상(幻相)이다. 오온색신이 인연(因緣)따라서 현상적으로는 있는 것 같지만, 실체가 없으니 환신(幻身)이다.

이 환신의 출처(出處)는 법신(法身)이다. 법신이 허망하게 무명(無明)을 일으켜서 삼세(三細)와 육추(六麤)를 거친 것이 우리의 생사(生死)하는 오온이니, 오온의 출처는 원래 무명이다. 이 무명의 본체는 본래 본각(本覺)인 불성(佛性)이니, 오온의 본체도 불성인 법신이다. 법신(法身)은 무상(無相)이어서 원래 청정하므로, 그것에서 유래한 색신 역시 무상(無相)으로서 청정한 몸일 수밖에 없다.-야청 주]

'육도만행도 문턱은 아니어늘'

육도만행도 아무 상관이 없다 이 말입니다. 육도만행은 불법의 행법(行法)인데, 육도만행이라는 이런 명자에 들어앉지 않는다는 그 말입니다. 육도만행이라는 이름자에 들어앉지 않아야 참으로 육도만행을 하게 됩니다.

[*육도(六度)는 육바라밀(六波羅蜜), 곧 대승의 보살이 번뇌 없는 피안에 이르기 위해 닦는 보시, 지계, 인욕, 정진, 선정, 지혜의 여섯 가지 수행(修行)이다. 만행(萬行)은 자리(自利)하고 이타(利他)하는 모든 수행을 가리킨다. 육바라밀이건 만행이건 그것이 중요한 것이 아니라는 말이다. 그러면 무엇이 중요한가? 오온(五蘊)이 청정신(淸淨身)인 줄 아는 것이 중요하다. 즉 무상(無常)하니 공(空)이고 무아(無我)인 줄 아는 것이 중요하고, 색신이 바로 법신인 줄 아는 것이 불교공부에서 넘어야 하는 문턱이다.—야청 주]

'칠보의 보시는 그 이익이 많기는 하나'

삼천대천세계에 가득한 칠보로서 보시한 공덕은 굉장히 많습니다.

[*칠보는 금, 은, 유리, 진주, 마노 등 값나가는 보배를 총칭하는 것이다. 보통 사람들이 살면서 귀중히 여기는 보화(寶貨)로 보시(布施)하는 것은, 복덕(福德)을 짓는 행동이다. 보시로서 육도(六度)와 만행(萬行)을 대표하고 있으니, 금생에 덕(福德)을 쌓는 것이 내생(來生)에 이익(利益)이 된다는 말이다. 인과응보(因果應報)이니, 다음 생에 행복하려면 금생에 각종 보시를 하는 것이 효과적이다—야청 주]

'팔풍이 움직이지 아니해야 참으로 공덕이니라'

그러나 팔풍부동이라야 진짜 공덕이란 말입니다. 잡념을 일으키지 않아야 이것이 진짜 공덕이에요. 절대성 자리 찾는 것이 진짜 공덕이에요. 두말할 거 없습니다. 공덕이니 뭣이니 하는 것은 물론 모습을 굴리는 사회에서는 이거 있어야 합니다. 필요합니다. 필요하지만 그걸 우리가 능히 굴릴지언정, 모든 모습을 바꿔가며 굴릴지언정 거기 들어앉으면 안 됩니다. 거기 들어앉으면 그만 못 굴리는 거예요.

[*팔풍(八風)은 사람을 선동(煽動)하는 여덟 가지 바람이니, 이(利)·쇠(衰)·훼(毁)·예(譽)·칭(稱)·기(譏)·고(苦)·낙(樂)이 그것이다. 이(利)는 이익(利益), 쇠(衰)는 손실(損失)이며, 훼(毁)는 뒤에서 비방하는 것이고, 예(譽)는 뒤에서 칭찬하는 것이며, 칭(稱)은 면전에서 칭찬하는 것이고, 기(譏)는 면전에서 비방하는 것이니, 그것에다 고(苦)와 낙(樂)을 더하면 여덟이다. 이 팔풍(八風)은 사람의 감정을 좌우하는 대표적인 이견(二見)인데, 이러한 이견의 모습에 감정이 흔들리지 않아야 진짜로 공덕(功德)이 있다는 말씀이다. 그런데 이런 공덕을 지으려면, 아상(我相)·인상(人相)·중생상(衆生相)·수자상(壽者相)이 없어야 한다. 따라서 이 구절(句節)은 사상(四相)이 없어야만 비로소 진짜 공덕을 지을 수 있다는 뜻을 강조한 것이다.—야청 주]

'누리의 영특스런 앎을 너는 의심치 말지니'
영특스런 아는 자리를 의심하지 말라는 겁니다.
[*구소(九宵)는 하늘이니 온 누리이고, 영지(靈知)는 영특스런 앎이니 신령스레 저절로 아는 본래지(本來知)이다. 구소영지(九宵靈知)는 허공 같이 무변(無邊)한 신령스레 저절로 아는 본래지(本來知)를 가리킨다. 선가(禪家)에서 흔히 말하는 공적영지(空寂

靈知와 같은 뜻인데, 선생님은 지금 본바탕의 마음인 진심(眞心)을 구소영지(九沼靈知)라고 지칭하시고 있다. 모든 중생이 갖춘 진심인 불성(佛性)이 바로 구소영지임을 의심하지 말라는 뜻이다. 백봉(白峰)선생님은 "만약에 이 소식을 알면, 춤을 추고도 남는다"고 자주 말씀하셨다. – 야청 주]

'시방의 숱한 세계는 마음 가운데 밝더구나'
시방의 모래수의 세계가 여러분의 마음 가운데 달렸어요. 이거 절대 사실입니다. 왜냐하면, 여러분은 무변법신(無邊法身)이거든요. 극락세계가 있다고 해도 그건 가짜로 나툰 것이에요. 극락세계 역시 상대성으로서 모습이 있는 가변이거든요. 극락세계가 있어도 무변법신 중에서 나투는 겁니다. 지옥이 있어도 무변법신 중에 나투고, 욕계 색계 무색계가 있어도 무변법신 중에 나투는 겁니다.

[*시방사계(十方沙界) 즉 허공계(虛空界)에 있는 숱한 세계가 본 마음인 구소영지(九沼靈知) 가운데서 명백하다는 말이다. 즉 경계(境界)가 성품(性品)을 떠난 것이 아니고, 성품을 경계 밖에서 구할 수 있는 것이 아니라는 것이다. 그래서 시방의 허공에 떠도는 수많은 세계가 모두 내 마음 가운데 밝다고 말한 것이다.

선생님은 "이 소식을 알면 대장부의 할 일을 마친 것이다"라고 말씀하셨다.

백봉 선생님은 평소 야청(也靑)에게, "십물계(十勿戒)의 핵심은 첫 구절(句節)에 다 들어있고, 십자송(十字頌)의 핵심은 마지막 두 구절(句節)에 다 들어있다."고 강조하셨다. – 야청 주]

5장

십물계
十勿戒

비록 마음과 몸을 빌었어도 본래의 드높은 자리임을 잊지 말라

비록 처자를 두었으나 쏠려봄에 떨어지지 말라

비록 가업을 이으나 삿된 이익을 탐하지 말라

비록 세상법으로 더불어도 큰 도를 버리지 말라

비록 천하에 노니나 법성품을 뭉개지 말라

비록 인연 일어남을 짝하나 악한 뿌리를 용납지 말라

비록 천하에 노니나 법성품을 뭉개지 말라

비록 모습 없음을 마루하나 덕심기를 게을리 말라

비록 삼매에 있으나 선의 새김을 세우지 말라

비록 지관을 즐기나 길이 사그라짐에 들지 말라

비록 낳고 죽음을 쓰나 더러운 거님을 하지 말라

雖藉心身勿忘本尊 수자심신물망본존

雖有妻子勿墮愛見 수유처자물타애견

雖承家業勿貪非利 수승가업물탐비리

雖與世典勿捨大道 수여세전물사대도

雖遊天下勿壞法性 수유천하물괴법성

雖伴緣起勿容惡根 수반연기물용악근

雖宗無相勿怠種德 수종무상물태종덕

雖在三昧勿立禪想 수재삼매물립선상

雖欣止觀勿入永滅 수흔지관물입영멸

雖用生死勿爲汚行 수용생사물위오행

*십물계(十勿戒)의 첫 글자는 모두 비록 수(雖)자, 다섯 번째 글자는 말 물(勿)자입니다. 그 외에 같은 글자는 없습니다.

'비록 마음과 몸을 빌었어도 본래의 드높은 자리임을 잊지 말라'
비록 마음과 몸을 빌었으나, 다시 말하자면 우리 색신이 있으나 그 말입니다.
우리가 색신으로 나투지 않더라도, 우리의 본체 그 자리는 텅 비어 빛깔도 소리도 냄새도 없는 자리거든요. 비록 마음과 몸을 빌었으나 물망본존(勿忘本尊)하라. 본래 드높은 자리를 잊어버리지 마라 이 말입니다.

그러면 본래 드높은 자리는 무엇인가요? 그 자리는 빛깔도 소리도 냄새도 없습니다. 그러면서 경우에 따라서 '밉다 곱다' 이런 놀음놀이도 할 수 있어요. 또 '밉다 곱다 하는 그 자리가 전부 빈 거다. 내가 공연히 망상을 일으킨다.' 이런 생각도 할 수 있고요. 참 그 자리가 굉장한 겁니다. 알고 보면 언어, 말길이 딱 막힌 자리예요.

원래 허공이 하나이니 그 자리도 하나뿐입니다.
원래 드높은 자리가 있기 때문에 태양계도 거기서 나온 겁니다.
여러분들 이거 나중에 차차차차 알게 됩니다.
원래의 그 자리를 법성신(法性身)이라고 이름 붙이면, 태양이니 달이니 별이니 지구니 하는 것은 하나인 법성신의 그림자에 지나지 않는 겁니다.

그러면 그 자리와 이것이 둘 아닙니다. 다시 말하자면 허공과 심신이 둘 아니에요. 몸과 마음이 허공성이란 거 다 알게 됩니다. 우리가 너무나 미(迷)해서 명자놀이에 얼붙어있기 때문에 몰라서 그렇지, 사실로 둘 아닙니다.

'몸과 마음을 빌었다 할지라도 본래의 드높은 자리를 잊지 말라' 한 것은 본래의 그 절대성(絶對性)자리를 잊어버리지 마라 이 말입니다.

절대성 자리는 빛깔도 소리도 냄새도 없거든요. 다른 거 공부할 거 하나도 없어요. 화두 가질 것도 없어요. 죄 없는 목탁만 칠 것도 없어요. 목탁이 무슨 죄가 있어서 만날 목탁을 두드려 패나요? 그러나 아무 것도 모르는 사람들은 그걸 계기로 하나의 방편은 되겠지요.

'본래 드높은 자리가 있기 때문에 이와 같은 색신도 나투었다. 드높은 자리는 범부도 아니고 부처도 아니다. 그러나 찾으려면 못 찾는다.'

이렇게만 생각하면 모든 것이 그만 그대로 바로 해결돼버립니다. 그런데 사람들은 "아이고, 나는 중생이다. 아이고, 난 뭘 해야 되겠는데, 어찌 해야 되겠는데" 한다 말이죠.

예전에 어느 절에서 열일곱 살에 출가한 비구니를 본 적이 있어요.

"출가한 지 십오 년 됐습니다."
"그래, 공부를 해야 되겠는데 어떻노?" 하니까
"아이고, 공부가 잘 안 됩니다." 정직하게 말하더군요.
"자네가 여기 왔으니까 내가 말 한마디 선사할게." 하니까 비구니의 눈이 동글동글해져요.
"말씀해 주세요."
"너 부처되려고 하지 마라. 부처되려는 생각을 가지지 않으면 중생되겠다는 생각도 없을 것 아니겠나?"
"그렇습니다."
"네가 부처되려는 생각을 안 가지고 중생되려는 생각도 안 가지면, 부처도 그만 그 자리에 범접 못해. 중생도 범접 못해. 그럼 너는 뭣꼬?"
"그럼 그거 부처 아닙니까?"
역시 공부하는 사람들은 달라요.
"네 입에서 그 말이 나올 줄 몰랐다. 그러면 내가 너에게 부처 되려고 하지 마라. 부처를 지으려고 하는 것이 큰 병이니라. 이 말 알아듣겠네."
"예, 알아듣습니다."

보통 사람들에게 말해도 못 알아듣습니다. "무슨 그런 말을 하는고?" 이렇게만 생각합니다. 이런 일이 있었어요.

사실은 여러분들이 본래의 드높은 자리가 그대로 버젓이 있기 때문에 중생놀이도 하는 거예요. 본래의 드높은 자리가 없는데 어떻게 중생놀이를 합니까?

언젠가 말했지만 술 먹고 지랄하는 것도 본래의 드높은 자리가 있기 때문에 술 먹고 지랄하는 거예요. 자기가 모를 따름이지. 여러분들은 공부가 상당히 됐기 때문에 내가 이런 말하는 것이거든요.

그러니 우선 우리는 '비록 마음과 몸을 빌었어도 본래의 드높은 자리임을 잊지 말라[雖藉心身 勿忘本尊]' 이거 알아야 합니다. 이것이 지혜덕상(智慧德相)을 나투는 방편입니다. 멀리서 찾지 마세요.

'비록 처자를 두었어도 쏠려봄에 떨어지지 말라'

나는 애견(愛見)을 쏠려본다고 새깁니다. 사랑이라 하는 것은 사랑이란 말 자체를 쓰고요. 쏠려본다는 건 모습놀이일 뿐입니다. 내가 이것에 대해서 종종 말하는데 모습놀이할 때는 모습만 봐도 좋아요. 그런데 젊은 남녀가 서로 연애를 하다가, 한 사람이 사고가 나서 눈이 하나 도망가고, 코가 도망가고, 다리가 하나 없어져도 사랑할까요? 쏠려보는 사람들은 겁나서 사랑하지 않습니다. 그러나 정말로 사랑하는 사람은 상대편이 남자든 여자든, 어떤 장애를 입더라도 더 사랑합니다. 그러나 보통 사람들은 전부 쏠려보고 있어요. 그러면서 그걸 사랑이라고 착각하고 있습니다.
사랑하면 장애가 있어도 더 불쌍하기만 한 겁니다. 미련한 자식일수록 부모가 사랑하는 거와 같아요. 부처님의 사랑이 그렇습니다. 그 놈이 잘 나도 사랑하고 못 나도 그만 사랑합니다. 사도(邪道)를 행하고 외도(外道)를 행해도 불쌍할 따름이에요. 부처님의 사랑에는 "저 놈은 사도를 행하니까 밉다" 하는 것이 없어요. 부모의 사랑은 자식이 빗나가도 그저 불쌍하기만 한 겁니다.

사람은 인연 따라 부모를 만나서 세상에 태어납니다. 원래는 아버지 엄마가 아니에요. 인연 따라 태어났기 때문에 아버지 엄마라는 이름자가 성립되는 겁니다. 그리고 아버지 엄마를 만났으니 반드시 헤어질 때가 있어요.
그 다음 자라나서 장가가고 시집가서 내외간이 돼요. 원래 내외간이 아니라, 내외간으로 만났으니 반드시 헤어질 때가 있는 겁니다. 가정을 가지고 아들딸을 낳지요. 역시 부모와 자식으로 만났으니 반드시 헤어지게 됩니다.

원래 그 당처는 하나지만 차별현상(差別現象)으로 보자면, 만나면 헤어지는 걸 전제로 해야 됩니다. 이걸 우리가 꼭 알아야 됩니다. 내외간도 헤어지고, 자식도 헤어지고, 형제도 헤어집니다. 헤어지기 때문에 내외간에도 서로 인연 따라서 정 있게 지내야 되는 겁니다. 헤어지기 때문에 형제간도 서로 재미있게 지내는 거예요. 헤어지지 않고 영원히 형제간이 되고, 영원히 내외간이 된다면 간간히 싸움도 한 번씩 해 봐야 됩니다. 그래야 재미있지 않겠어요?

어떻습니까? 이 말은 사실이니까 여러분도 사실이라고 느낄 거예요. 헤어지기 위해서 잘 사는 겁니다. 정말 꿈과 같은 사실이에요. 그러나 헤어져도 헤어지는 것이 아니고, 만나도 만나지 않은 도리가 있어요. 이 도리를 알아야 합니다.

남의 자식으로 태어나고 남의 아내로 남의 남편으로 만나서 임시로 잠깐 몇 십 년 동안 인연 놀이를 한다 할지라도, 그것이 다가 아니라는 도리가 있어요. 그러니 처자가 있어도 쏠려보는 법이 아닙니다.

'비록 가업을 이으나 삿된 이익을 탐하지 말라'
비록 가업을 가지나, 취직을 하고 사업을 하더라도 이익 아닌 것을 탐하지 마라, 이 말입니다.
장사하는 사람이 물건 값을 올릴 때는, 물론 다른 조건들도 있지만, 주로 탐심이 많이 걸려 있습니다. 예컨대 백 원짜리 배추 한 포기를 오백 원씩 받으면 한 포기당 사백 원씩 남겨서 다섯 포기에 이천 원을 법니다. 전부 덩달아 올리면 덩달아 재미가 나게 되지요. 다른 조건들도 물론 있겠지만 그것이 비리(非利)입니다. 나중에 전부 다 비리를 행해서 배추 한 포기에 천 원씩 받으면 어떻게 될까요?

공부하는 사람들은 사업을 해도 될 수 있는 대로 술장사 같은 건 하지 않습니다. 좌우간 거래가 있으니 정당한 이익은 봐야 되는 겁니다. 물건이 갔다 왔다하는 것이 거래고, 거래는 상대성이거든요. 탐심이 주(主)가 돼서 사람들이 이(利)가 아닌 것을 좇기 때문에 육바라밀 중에 보시가 맨 처음에 있는 겁니다. 보시할 줄 아는 사람은 그 만큼 탐심이 없습니다. 탐심이란 건 허공에 낀 먹구름이나 한 가지예요. 허공은 원래 해말쑥한 허공인데 먹구름이 꽉 끼어 있으면 태양이 보이지 않고 달도 보이지 않는 것과 같습니다.

'비리를 탐하지 마라' 여러분 이거 잊어버리지 마세요. 매일 그렇게 행동하세요. 백 가지 만 가지 말보다도 한 가지 행동하는 것이 불법입니다. 말이 소용없습니다. 왜 그럴까요? 말로써는 본래의 지도리를 나투지 못하기 때문입니다. 그러하면 씨름해야 합니다. 이제는 여러분들이 좀 다릅니다. 실제로 법을 굴리는 그 자리로서 여러분들이 들어가고 있습니다. 그러니까 지금까지의 공부하던 태도와는 다릅니다. 이제는 대강 알았어. 이제는 법을 굴리는 데로 들어갑니다. 처음 오는 분한테는 이 설법이 조금 어렵습니다. 그러나 그건 어쩔 도리가 없어요.

'비록 세상 법으로 더불어도 큰 도를 버리지 말라'
세상 법으로 더불어서 하나 대도를 버리지 마라.

세상 사람들과 같이 따라 가라 그 말입니다. 세상 사람들이 머리를 깎으면 나도 머리를 깎아야 해요. 세상 사람들이 자동차를 타면 나도 자동차를 타야 합니다. 세상 사람들이 뭘 한다면 같이 해야지 '나는 이러이러한 사람이니 그런 건 안 한다 그럴 필요가 없어요. 이건 아는 사람의 분상(分相)으로 그렇습니다. 그렇게 알고 그냥 놔두는 거예요. "이런 법이 어디 있느냐?" 그럴 필요가 없어요. 그러나 그러면서도 대도를 버리는 법이 아닙니다.

왜 그런가? 어느 것 하나 진리 아닌 것이 없기 때문입니다. 진리를 잘 쓰느냐 못 쓰느냐 하는 것뿐이지, 다 진리의 나툼이에요. 술 먹고 지랄하는 것도 진리의 나툼입니다. 그건 나쁘게 나툰 것뿐이에요. 이렇게 알면 그만이에요. 이렇게 알면 대도를 버리는 것이 아닙니다. 그러니 남을 비방하는 법이 아닙니다. 비방한다면 구업(口業)도 짓게 되지만, 자신이 아직까지 덜 돼서 비방하게 되는 것이기 때문입니다.

'비록 천하에 노니나 법성품을 뭉개지 말라'
비록 천하에 노니나 법성품(法性品)을 잊어버리지 마라.
법성품이란 무엇일까요?
법성품이란 모든 것이 비었어요. 지구 자체도 빈 것이고, 태양도 빈 것입니다. 물도 바람도 나무도 어느 것 하나 빈 성품, 허공성 아닌 것이 없어요.

비면서 일체만법을 나투어요.

참, 묘한 겁니다. 텅하게 비었어요! 텅하게 비었는데, 텅 빈 그 자리는 부처도 없고 중생도 없으면서 온갖 법을 나퉈요. 심지어는 싸움이라도 하려면 하고, 좋은 일도 하려면 합니다. 이런 거예요. 이것 참 큽니다.
'천하에 노니나 법의 성품을 뭉개지 말라.' 여러분들 꼭 이렇게 해야 합니다. 이렇게 하면 어디 가서 십 년 이십 년, 백 년 공부하는 것보다 나아요. 잘못 공부하면 삐뚤어져 버리지만, 이렇게 올바로 공부하면 자꾸 자성(自性)이 밝아지는 법입니다.

'비록 인연 일어남을 짝하나 악한 뿌리를 용납지 말라'
우리의 몸도 인연 따라 일어나고, 사업도 인연 따라 일어납니다. 모든 것이 인연 따라서 일어나는 법이지만 악한 뿌리를 용납하지 말라, '나쁜 짓 하지 말자' 이 말이에요. 우리가 인연 따라서 모든 법을 굴리지요? 그런데 악한 뿌리를 심지 않는다면 바로 그 자리가 성인 아니에요? 어디 별 것이 성인인가요? 사실 우리는 부처도 되기 싫고 성인도 되기 싫기 때문에 이렇게 고생하는 겁니다. 방편으로써 하는 말이에요.

우리가 부처 되려고 하면 부처가 되지 못할 이유가 뭐가 있나요? '밉다 곱다' 하는 생각, '나다 너다' 하는 분별만 딱 여의면 그 자리가 바로 부처 아닌가요? 그렇게 쉬운 부처를 우리가 왜 못되느냐 말입니다. 악근(惡根)을 심지 않으면 바로 성현입니다. 그러니 부처되기 제일 쉽고, 성현되기 제일 쉽습니다. 자기가 하기 싫어서 하지 않을 따름이에요. 그 다음에는 이거 중요합니다.

'비록 모습 없음을 마루하나 덕 심기를 게을리 말라'
우리의 마룻대, 즉 종지(宗旨)는 모습 없음입니다.
우리는 인생을 굴리는 목적을 무상(無相)으로 삼아야 합니다. 모습 없음, 텅 빈 걸 마루로 삼는 것이거든요. 원래 무상, 모습 없는 것, 텅 트인 자리, 허공과 같은 이 자리, 이걸 마루로 삼으나, 덕 심는 것을 게을리 하지 말라, 이 말입니다.

모든 것이 비었어요. 이것도 비었고 저것도 비었지만 중생을 상대로 세상을 엮어갈 때에 덕 심는 것을 게을리 하지 말라, 곧 '덕을 심어라' 이 말입니다. 우리가 덕을 심으면 이미 성현이에요. 성현 되기가 그렇게 어려운 것이 아닙니다. 이건 여러분의 마음씀씀이 그대로 결정되는 거예요. 마음씀씀이에 따라 덕을 심게 되는 줄 알았다면 그대로 행하면 됩니다.

'비록 삼매에 있으나 선의 새김을 세우지 말라'
본래의 해말쑥한 정신이 있으면 그 자리가 바로 삼매입니다.
삼매가 있기 때문에 탐냄, 성냄, 어리석음도 일으키는 거예요. 우리가 선(禪)을 하든지 공부할 때 삼매에 들게 되지만, 내가 선을 한다는 생각을 세우지 말라 이 말입니다. '나는 이렇게 공부한다, 이렇게 선을 한다'와 같은 생각을 세우지 말자 이거예요. '나는 이렇게 한다'고 하면 이미 해맑쑥한 자리를 가리는 하나의 먹구름을 일으킨 겁니다. 그냥 이것도 놓고 저것도 놓자는 말입니다. 이거 중요한 말이에요.

'비록 지관을 즐기나 길이 사그라짐에 들지 말라'
지관(止觀)은 적멸(寂滅)입니다. 본래 우리의 그 자리, 누리의 당처가 전부 적멸입니다. 적멸에서 지금 이런 생각도 일으키고 저런 생각도 일으키는 거예요. 적멸을 좋아하더라도 영원히 적멸에 들어가지는 말라는 말입니다. 다시 이런 몸을 나퉈야 하기 때문입니다.

우리가 세상에서 인연대로 색신을 굴리다가 참말로 불구덩이나 흙구덩이로 색신을 넣을 때는 그 때는 이미 다른 것이 되어 있습니다. 그 전까지 공기 중에 전부 산화돼 버립니다. 우리가 몰라서 그렇지 이건 과학적으로 의학적으로도 그렇습니다. 그렇지만 우리는 어디 가서 나투든지 간에 다시 몸을 나투게 마련입니다. 사람으로 나투지 못하면 짐승으로도 나투고, 하늘에 가서 하늘사람으로 나툴 수도 있고, 잘하면 부처님 몸으로 나툴 수도 있습니다. 그러니까 어떤 모습을 나투느냐는 별 문제로 하더라도, 어쨌든 몸을 나투는 법이니 영원한 적멸[永滅]에 들어가지 말라는 말이에요.
영멸에 들어가면 무기공(無記空)[1]이나 마찬가지가 돼버립니다.
가만히 생각해 보세요.

'비록 낳고 죽음을 쓰나 더러운 거님을 하지 말라'
사람들은 나고 죽는데 쓰인다고 생각할 겁니다. 그렇지 않은가요? 그러나 실은 알고 보면 참으로 굉장한 소식이 있습니다. 우리는 날 권리가 있고 죽을 권리가 있어요. 물론 난다 죽는다하는 것은 물 위의 거품과 마찬가지지만, 거품을 인연에 따라 나툴 수 있는 특권을 가지고 있습니다. 사람들은 만날 "몸뚱이만 나다" 이러다가, 이런 말 들으면 "아이고 엉뚱한 말이다" 이럽니다. 한 자[尺]나 두 자 밖에서 자신의 몸뚱이를 봐 보세요. 물거품이 아닌가요? 물론 한 자나 두 자 밖에서 보라는 것이 모순된 말이겠지만.

우리는 나고 죽는 것을 쓸 줄 알아야 합니다.
이것은 우리의 특권입니다.
우리에겐 날 권리도 있고 이 몸을 없애버릴 권리도 있는 거예요.
꼭 불구덩이나 흙구덩이만 가서 몸을 없애는 것이 아닙니다.

---

1 공에 집착하여 공에만 머무르려는 성향. 아무 생각 없이 빈 마음에만 매달리는 상태. 멍청하고 목석 같은 상태. 중도 실상의 진정한 공은 상이 없이 어디에도 머물지 않는 마음을 내서 만법을 굴리는 것이다.

사실은 불구덩이나 흙구덩이 가기 전에 한 살 때 몸도 없애버려요. 왜 그런가요? 법을 굴리는데 그 보다 더 큰 몸이 필요하거든요. 그러니까 공기 중에 산화시켜 버립니다. 뼈도 머리털도 싹 달라져요. 열 살이나 스무 살 먹은 때 몸도 없애버리고 또 새로운 몸을 이루는 권리가 있어요.

만약 이렇게 하는 권리가 우리에게 없다면 누가 이것을 행합니까? 부처님이 행하나요? 하느님이 행하나요? 아닙니다, 우리 자신이 행하는 거예요.
가만히 생각해 봅시다. 나중에 갈 때 몸뚱이 몽땅 없애버려.
'죽어도 내가 죽고 살아도 내가 산다'는 말이 그 말입니다. 죽어도 내가 죽고 살아도 내가 살기 때문에 내 일은 내가 해야 한다는 거예요. 내 일 내가 안 하면 누가 할 겁니까? 부처님이 만 명 있어도 어쩔 수가 없습니다. 이건 부처님이 하신 말씀이에요. "이러이러 해라" 하는 부처님의 말씀을 등불 삼아 나아가 보니 딱 맞거든요. 그래서 우리가 부처님을 존경하는 겁니다.

그러니 비록 생사를 쓰기는 쓰되 더러운 행을 하지 말자는 말은, 사실은 '생사에 쏠리지 말자' 이 말입니다. 십물계는 이렇게 열 가지입니다.

여러분들 십물계 이것을 예사로 듣지 마세요. 재미가 없다 할지라도 이걸 외우세요. 외워서 경우에 따라서 이거 쓸 땐 이렇게 하고, 저거 쓸 땐 저렇게 해보세요. 그러면 말로 다할 수 없는 재미가 그대로 쏟아져 나옵니다. 이건 절대로 의심할 필요 없어요. 이건 지금 우리가 당면한 문제거든요. 당면한 문제라.

극락(極樂)으로 가는 길도 내가 개척하는 법입니다. 자기가 원하지 않는다 하더라도 내가 마음 씀씀이를 잘못 가지는 까닭에, 내가 지옥 길을 개척해서, 내가 가는 거예요. 부처님이 "이건 극락 가는 길이다" 하고 우리를 극락으로 보내고, "이건 지옥의 길이다" 하며 우리를 지옥으로 보내는 법은 없습니다. 극락길도 내가 닦아서 내가 가고, 지옥 가는 길도 내가 닦아서 내가 가는 거예요.

십물계는 바로 극락으로 가는 길을 개척하는 법문(法門)입니다. 우리가 이런 도리를 알면 십물계 이것을 어찌 소홀히 보겠습니까? 그러니 일상생활을 하는 중에도 이걸 잊어버리지 말고 항상 머리에 둬서, 어떤 일을 할 때마다 한 번씩 이 십물계를 생각하면서 하기 바랍니다. 그러면 그게 바로 극락 가는 길을 닦는 거예요. 극락으로 가는 길이라는 것도 우리가 또 다시 몸을 나투는 것입니다. 전부다 내가 지어서 내가 가는 겁니다.
그러기 때문에 자성자도(自性自度), 스스로의 성품을 스스로가 제도해서 스스로가 부처를 이루는 겁니다. 아시겠습니까? 여러분들 십물계 이것을 소홀히 생각하지 말고, 꼭 지킵시다.

아침에 일어나서 아무리 바쁘더라도 십물계 이것부터 먼저 한 번 읽어보고 나가세요. 그렇게 하다보면 자연히 여기에 젖어버립니다. 나중에 확 젖어서 모든 문제가 저절로 해결되도록 돼 있습니다. 여러분 이거 중요한 대목입니다. 이거 잊어버리지 마시고 꼭 그대로 하세요.

6장

동업보살의 서원

우리는 옛적부터 비로자나 법신이나
변하는 모습따라 뒤바뀌는 여김으로
갈팡질팡 생사해에 뜨잠기는 중생이니
좋은인연 그늘밑에 동업보살 되고지고

괴로운 첫울음은 인생살이 시작이요
서글픈 끝놀람은 이 세상을 등짐이니
들뜬마음 가라앉혀 보리도를 밝혀내고
부처땅에 들어가는 동업보살 되고지고

도솔천에서 만납시다

아침마다 우리는 예불하면서 동업보살(同業菩薩)의 서원을 외웁니다. 우리는 중생이란 말 듣기도 싫습니다. 사실은 중생이란 말이 싫다는 것도 괜한 헛말이에요. 동업보살이란 말이라도 빌지 않으면, 언제 어느 세월에 우매한 중생들이 깨칠는지 모르기 때문에 이런 말을 빌리는 겁니다. 우리는 이미 동업중생 자리를 완전히 떠났습니다. 나는 그렇게 생각해요. 어쩌면 잠재의식에는 중생이란 생각이 있을지 모르지만 동업중생이란 이름을 완전히 떠났어요. 나는 이제 동업중생이라는 생각을 가지고 싶어도 가져지질 않습니다.

왜냐하면 그 자리가 청정백백(淸淨白白)하니 중생이 될 턱이 없어요. 범성불락(凡聖不落), 범부다 성현이다 하는 분별에 떨어지지 않는데, '내가 중생이다' 이런 생각을 가지려고 해도 가져지겠습니까? 가지려고 해도 가져지질 않아요.

그렇다면 무엇을 희망하는가? 우리 여전히 공부해야 합니다. 아직 미하거든요. 우리가 공부를 계속하는 길은 보살도(菩薩道)밖엔 없습니다. 그렇기 때문에 동업보살의 서원을 아침마다 외우는 겁니다. 이것은 나의 분수로 봐서 그렇습니다.

나는 앞으로 이 땅에 오지 않을 작정입니다. 이 땅에 다시 몸을 나투지 않을 작정이에요. 단적으로 얘길 하자면 어딜 가서 몸을 나투느냐? 도솔천(兜率天)에 갑니다. 왜 도솔천을 택했는가? 더 좋은 데도 있지만 도솔천은 공부하는 곳이기 때문입니다.

그리고 나는 이 소식을 아는 우리 도반(道伴)들과 다 같이 가려고 하는 거예요. '동업보살의 서원'이라고 말을 만들어서 아침마다 예불할 때마다 읽는 이유가 그겁니다. 그렇게 동업보살의 서원을 읽는 것 역시 인(因)을 심는 것이거든요. 인에는 과(果)가 있는 법입니다. 그렇다면 여러분들이 원을 그렇게 세워. 또 세우나 안 세우나 인을 그렇게 심었어. 여러분들 나하고 도솔천에 어찌 같이 가지 않을 수 있겠습니까?

물론 원인, 인(因)에는 깊고 얕은 것은 있어요. 그러나 인은 다 있습니다. 가깝고 멀고는 있을지언정 인은 하나거든요. 그렇게 생각할 때 나의 원(願)은 동업보살이 원입니다. 나는 중생제도(衆生濟度) 원을 안 가집니다. 나는 동업보살이 되길 원해요. 동업보살 되는 것이 중생제도가 될는지 아닌지, 그런 것은 난 모르겠어요. 비판은 여러분들이 하세요. 나는 중생제도 할 생각 없습니다. 중생제도 하려고 해 본들 할 것이 하나도 없어요. 전부 보니 청정법신(淸淨法身)인데 무엇을 제도하겠는가 그 말입니다.

그렇기 때문에 내게는 중생제도라는 생각이 꿈에도 없습니다. 다만 앞으로 동업보살로서, 부처보다는 한 층 낮은 동업보살 되기를 원합니다. 왜냐하면 공부하기 위해서입니다. 공부하자 이거예요. 그런데 우리가 함께 공부하는 동안 여러분도 알게 모르게 이미 여기에 대한 인을 심었습니다.

우리가 몸을 바꾸면 어디로 갈까요? 우리가 몸을 바꾸어서 가는 자리는 그 습성, 버릇입니다. 물론 버릇이라는 것은 마음이 나툰 거지만, 그 버릇, 그 습성이 가는 거예요. 술 잔뜩 취한 사람이 어떻게 왔는가는 모르지만 다음날 보면 집에 와 있는 거나 마찬가지입니다. 술에 취하면 집에 가는 것을 모르지만, 그러나 집에 가게 됩니다. 집으로 가던 그 버릇이 있거든요.

물론 우리가 후(後) 세상에는 지금 모습과는 다른 모습이 갈 겁니다. 여러분이 스스로 희망하든 하지 않든 다른 모습으로 다시 또 모입니다. 도솔천 저 나라의 하루는 지구의 400년이고, 그곳에 난 사람은 거기 시간으로 4000년을 산다고 합니다. 도솔천에서의 생활 역시 인이 심기어져서 그 인에서 나타난 과인데, 도솔천에서 색신을 빈다 할지라도 어찌 즐거운 삶이 아니겠는가 그 말입니다.

나는 이번 철야정진에서 여러분이 도솔천에 날 인(因)을 심은 것 하나만으로도 대단히 큰 성과를 얻었다고 생각합니다. 우리가 깨쳤다 안 깨쳤다 하는 것도 제이 문제에요. 자기 분수로 봐서 제이 문제겠지만 어떻든지 여러분들 도솔천에 몸을 받을 수 있는 인이 심기어졌다는 것은 거짓말할 도리가 없습니다. 밥 한술 먹는 것도 인이 되는데, 일주일 동안이나 철야하며 고생한 것이 어떻게 인이 되지 않겠는가 그 말이에요.

그러하니까 나는 대단히 뿌듯합니다. '나는 중생제도를 생각하지 않는다'는 이 말 아까 했고, '나는 도솔천에 가리라, 동업보살이 되기를 원한다'는 얘기도 했고, 따라서 내 말을 들은 여러분 역시 동업 보살이 되기 위해서 인을 심은 거예요. 이제 철야정진을 마치면 서울로 가는 분도 있고, 다른 곳으로 가는 분들도 있겠지만, 그렇게 간다고 한들 그건 진짜로 가는 것이 아니라 가는 듯한 겁니다. 실로 청정법신 자리는 촌보도 옮기는 것이 아니거든요. 그러니 우리는 나중에 도솔회상(兜率會上)에서 다시 만나게 됩니다. 그때는 지금의 얼굴들이 아니고 다른 얼굴들이겠지만, 다시 만나서 다시 공부하게 될 겁니다.

왜 다시 공부하게 되느냐? 도솔천은 공부하는 곳이기 때문에 도솔천을 택한 겁니다. 어떤 사람은 나를 '비애국자'라고 할지도 모르겠지만, 그래도 좋아요. 뭐가 애국자인지도 잘 모르겠지만. 나는 우선 나부터 구해야 되겠어요. 나를 구할 사람은 나밖에 없어요. 부처님이 만 명이 있다 해도 어쩔 도리가 없어요. 부처님은 '이렇게 저렇게 해라, 그렇게 해야 네가 구제받는다'고 말씀하셨을 뿐이지, 나 대신 부처님이 죽어주는 것도 아니고, 대신 낳아주는 것도 아니잖아요? 나고 죽는 일은 전부 내 스스로 해서 스스로가 하는 것이니까요.
어떻든지 우리가 만난 것이 참으로 인연 중의 인연이니, 나는 이 인연을 그대로 도솔회상으로 옮길 작정입니다. 동업보살의 서원(誓願)이라고 한 것 역시 그 뜻입니다.

'우리는 옛적부터 비로자나법신이나'
여러분은 비로자나불의 화신(化身)입니다. 석가모니불도 비로자나불의 화신입니다. 관세음보살도, 문수보살도, 보현보살도 비로자나불의 화신 아닌 것이 없습니다. 심지어 지혜 없는 초목들조차 전부 비로자나불의 화현(化現)입니다.

어째서 그러한가? 허공은 하나니 지도리가 하나고 지도리가 하나니 목숨이 하나이기 때문에 그렇습니다. 그러하니 마음에 박히고 박히고 박히도록 원을 세워야 합니다.

'변하는 모습 따라 뒤바뀌는 여김으로 갈팡질팡 생사해에 뜨잠기는 중생이니'
그 모습 따라서, 이거 모습이기 때문에 그렇습니다. 모습이 아니면 갈팡질팡할 필요가 없어요. 그렇기 때문에,

'좋은 인연 그늘 밑에 동업보살 되고지고.'
결국은 인연, 사람이 살아가는데 전부 인연관계입니다. 도둑질 하는 것도 그 악연(惡緣)입니다. 좋은 일 하는 것도 그 선연(善緣)이에요. 그러니까 이 인연을 소중히 해서 청정행(淸淨行)을 닦아야 합니다.

'괴로운 첫울음은 인생살이 시작이요 서글픈 끝놀람은 이 세상을 등짐이니'
이건 태어나고 죽을 때 그 말이거든요.

'들뜬 마음 가라앉혀 보리도를 밝혀내고'
들뜬 마음을 가라앉혀서, 보리도, 즉 청정행, 청정심을 밝혀내고,

'부처땅에 들어가는 동업보살 되고 지고'

이거 하나의 원(願)이라야 됩니다. 그저 외우기만 해봤자 아무 소용이 없어요. 원이 돼버리면 자기 자신도 모르는 사이에, 혹은 우리가 살아 있는 동안 깨어 있거나 잠든 상태를 가리지 않고 이런 말이 쑥쑥 나오게 되는지도 모릅니다.

어쩌다가 무슨 말 하다가도 "동업보살 되고 지고, 부처 땅에 들어가는 동업보살(同業菩薩) 되고 지고"란 말이 나오는 거예요. 그러면 사람이 보면 조금 이상하지. 원이 콱 돼 놓으면 어쩌다가 그 말이 쑥 나오게 돼. 이런 것은 우리가 육근(六根)[1]을 쓰나, 육근을 쓰지 않으나 마찬가지거든. 그러니 우리가 절대로 지켜야 돼요.

지키고 행해야 될 것은 무엇일까요? 설사 꿈속에서 꿈 보는 줄 모른다 할지라도 좋은 인을 심어. 그래서 좋은 행을 해. 청정인(淸淨因)을 심어. 청정행(淸淨行)을 하면 청정과(淸淨果)밖에 나올 것이 없거든요. 그러니까 이건 대치법(代治法)이라. 대치법이에요. 대치법을 세우면 결국 '내가 자신을 가지고 생사문제를 굴릴 수 있다'는 결론이 나지 않겠습니까? 여러분들 이거 중요한 겁니다. 절대로 허술히 생각하지 마세요.

마음은 한 마음인데 천 가닥 만 가닥 나투었으니 천 가닥 만 가닥으로 되겠지만 결국 그 뿌리는 하나거든요. 그렇다면 다를래

---

1 우리 몸에 갖춰진 눈, 귀, 코, 혀, 몸, 뜻의 여섯 가지 감각/지각 기관.

야 다를 것이 있을 수 없어요. 그러하니 우리가 꿈 속에 꿈을 볼 수 있고, 육근을 전부 여의더라도 생사를 훤히 알 수 있는 도리는 지독한 원밖에 없습니다. 원을 세워야 합니다. 원을 세워. 원을 세우면 저절로 알아져요. 또 저절로 알도록 돼있어요.

왜 그런가? 잘 때의 그 성품이나 깨어 있을 때의 그 성품이 하나거든요. 죽은 후의 그 성품이나, 살아 있을 때 눈을 바탕으로 한 작용, 귀를 바탕으로 한 작용, 입맛을 바탕으로 한 작용들은 작용은 다를지언정 성품은 하나 아닙니까? 이거 과학적아니에요? 그러하니 무슨 작용을 하든지 간에 이걸 하나로 통일시키려면 결심이 있어야 되거든요.

청정심으로 청정행을 굴린다

여러분들 진짜 공부란 무엇일까요?
매일 매일 청정심(淸淨心)을 놓치지 않는 것, 이것이 최상의 공부입니다. 이것은 부처님도 그렇습니다. 부처님은 놓칠 것도 없고 놓치지 않을 것도 없지만, 미(迷)한 우리 중생의 분으로 봐서는 매일 매일 청정심을 놓치지 않아야 합니다. 탐진치(貪瞋癡), 다시 말해 성을 낸다든지, 삐친다든지, 웃는다든지, 좋다 나쁘다 하는 이런 분별에 쏠리지 않아야 합니다. 그것도 하나의 경계거든요. 이런 분별에 쏠리지 않는 것이 청정심을 놓치지 않는 거예요. 쏠리기 때문에 통일이 안 되는 것이지 쏠리지만 않으면 바로 하나입니다!

우리가 나기 전의 성품이나, 난 뒤의 성품이나, 나중에 죽은 뒤의 성품이 다 하나입니다. 잘 때 성품이나 지금 내가 말하는 성품이나 꼭 하나거든요. 그러니까 우리는 깨어 있을 때의 성품이나 잘 때의 성품이 하나인 줄 알아야 합니다. 잘 때는 어쩌다가 이것이 둘로 보일 수도 있습니다. 그러면, '둘로 보였으니 나는 아직 공부가 덜 되었구나' 하고 스스로 느끼게 되면 그때 문제가 해결되는 거예요.

이렇게 여러분이 닦아가면 이것이야말로 천상천하에 가장 중요한 방편입니다. 이 문제를 이렇게 들게 되면, 사심, 삿된 생각이라든지 탐심이라든지 하는 것들이 범접하지 못합니다. 여기까지 오다가 그만 물러서 버립니다. 이렇게 공부를 지어가다 보면, 느낌이 오고 실감이 나는 때가 옵니다.

개미라 해도 개미의 주인공은 하나 마음입니다. 뱀이면 뱀의 그 독한 마음, 소는 소의 미련한 마음, 돼지면 돼지의 탐심이 있습니다. 독한 마음도, 미련한 마음도, 탐심도 다 내가 일으키는 겁니다. 그리고는 그렇게 일으킨 마음에 따라서 형태가 바뀌어요. 그래서 우리 몸도 뱀도 돼 보고, 개도 돼 보고, 까마귀도 돼 보고 별별 것 다 돼 봤거든요. '검은 개로 태어난 뼈를 추리면 수미산보다 많다'고 부처님도 말씀하셨잖아요? 어찌 됐든 이렇게 저렇게 모습은 바뀔지언정 마음 일으키는 그 자리는 하나입니다. 그렇지만 내 마음이 천 가닥 만 가닥 달라지는 데 따라서 탈을 덮어쓰게 되는 거예요.

일전에 교장선생님이 아침 산책을 하다가 딱 느꼈던 모양이라. '아, 내 마음 속에 좋은 마음도 있고, 나쁜 마음도 있고, 천 가지 만 가지 별별 마음이 다 있구나! 진심은 하나지만 거기서 천 가닥 만 가닥의 마음을 일으키는구나' 하는 걸 느꼈어요. 그러니까 '나도 말로도 태어나고, 소로도 태어나고, 뱀으로도 태어나고, 별 거로도 다 태어났다는 걸 느꼈다' 이렇게 말씀하셨어요. '아, 이 분이 역시 말로만 그렇다고 안 것이 아니라, 그 말을 실감나게 느꼈구나' 하고 내가 참 흐뭇했습니다.

마음이 천 가닥 만 가닥 돼도 그 당처는 하나이니, 당처의 분으로 본다면 깰 때나 잠잘 때나 죽을 때나 마음은 한 가지라야 됩니다. 한 가지라야 돼요! 우리는 모르지만, 아마 부처님쯤 되시는 분은 그 마음 한 가지로 쓰지 않을까 생각됩니다. 이제는 우리도 한 가지 마음을 쓰기 위해서 노력해야 된다고 생각합니다.
사실로 우리가 인연 중의 인연인데. 여러분들에게 이렇게 말을 하게 되니 내가 참 기쁩니다. 실은 기쁩니다.

그러니까 여러분들은 여기 공명(共鳴)해서 청정심 하나를 가져. 숱한 망심(妄心)을 일으켜도 좋지만, '망심도 청정심에서 일으키는 하나의 그것이다' 하는 생각을 가지고 항상 행을 닦아나가야 합니다. 그렇게 닦아나간다면, 이 육신을 버리더라도, 절대로 우리가 나쁜 데 몸을 받지 않는다는 건 확신하고 가지 않겠습니까? 그리고 몸을 버릴 땐 버려야 합니다. 아, 이 늙어빠진 몸을 질질 끌고 다닐 필요가 뭐 있어요? 축생 몸이라도 받으면 큰일 나지만, 또 다른 몸 받아서 건전한 몸 써야 하지 않겠습니까?

7장

마하반야
바라밀다심경

관자재보살은 깊이 반야바라밀다를 행할 때 다섯 쌓임이 모두 비었음을 비추어 보고 온갖 괴로움과 재앙을 건졌느니라.

사리자여, 것은 빔과 다르지 않고 빔은 것과 다르지 않으므로 것이 곧 빔이요 빔이 곧 것이니, 느낌 새김 거님과 알이도 또한 다시 이러느니라.

사리자여, 이 모든 줄의 빈 모습은 생김도 아니고 꺼짐도 아니며, 더러움도 아니고 깨끗함도 아니며, 더함도 아니고 덜함도 아니니라.

이런고로 빈 가운데는 것이 없으며, 느낌 새김 거님과 알이도 없으며, 눈 귀 코 혀 몸과 뜻도 없으며, 빛깔 소리 냄새 맛 닿질림과 요량도 없으며, 보임도 없고 나아가 알리임도 없으며, 안밝음도 없고 또한 안 밝음의 가뭇도 없으며, 나아가 늙고 죽음도 없고 또한 늙고 죽음의 가뭇도 없으며, 괴로움 모임 꺼짐과 수도 없으며, 철도 없고 또한 얻음도 없느니라.

얻을 바가 없음으로써 보살도를 닦는 이는 반야바라밀다를 밝힘으로써 마음에 걸림이 없고, 걸림이 없으므로 두려움이 없기에, 뒤바뀐 헛 된 생각을 멀리 여의어서 마지막으로 열반에 들어가나니, 과거 현재 미래의 모든 부처도 이 반야바라밀다를 밝힘으로써 무상 정등 정각을 얻느니라.

알지어다. 반야바라밀다는 가장 놀라운 주문이요, 가장 밝은 주문이요, 가장 높은 주문이요, 무엇과도 견줄 수 없는 주문으

로 능히 온갖 괴로움을 없애니, 진실하여 허망하지 않은지라,
이에 반야바라밀다의 주문을 설하여 가로되,

아제 아제 바라아제 바라승아제 모디 사바하 (삼창)

관자재보살은 깊이 반야바라밀다를 행할 때
觀自在菩薩 行深般若波羅密多時 관자재보살 행심반야바라밀다시
다섯 쌓임이 모두 비었음을 비추어 보고 온갖 괴로움과 재앙을 건졌느니라.
照見五蘊皆空 度一切苦厄 조견오온개공 도일체고액
사리자여, 것은 빔과 다르지 않고 빔은 것과 다르지 않으므로
舍利子 色不異空 空不異色 사리자 색불이공 공불이색
것이 곧 빔이요 빔이 곧 것이니, 느낌 새김 거님과 알이도 또한 다시 이러니라.
色卽是空 空卽是色 受想行識 亦復如是 색즉시공 공즉시색 수상행식 역부여시
사리자여, 이 모든 줄의 빈 모습은 생김도 아니고 꺼짐도 아니며,
舍利子 是諸法空相 不生不滅 사리자 시제법공상 불생불멸
더러움도 아니고 깨끗함도 아니며, 더함도 아니고 덜함도 아니니라.
不垢不淨 不增不減 불구부정 부증불감
이런고로 빈 가운데는 것이 없으며, 느낌 새김 거님과 알이도 없으며,

是故 空中無色 無受想行識 시고 공중무색 무수상행식

눈 귀 코 혀 몸과 뜻도 없으며, 빛깔 소리 냄새 맛 닿질림과 요량도 없으며,

無眼耳鼻舌身意 無色聲香味觸法 무안이비설신의 무색성향미촉법

보임도 없고 나아가 알리임도 없으며, 안밝음도 없고 또한 안밝음의 가뭇도 없으며,

無眼界 乃至 無意識界 無無明 亦無無明盡 무안계 내지 무의식계 무무명 역무무명진

나아가 늙고 죽음도 없고 또한 늙고 죽음의 가뭇도 없으며,

乃至 無老死 亦無老死盡 내지 무노사 역무노사진

괴로움 모임 꺼짐과 수도 없으며, 철도 없고 또한 얻음도 없느니라.

無苦集滅道 無智亦無得 무고집멸도 무지역무득

얻을 바가 없으므로써 보살도를 닦는 이는 반야바라밀다를 밝힘으로써

以無所得故 菩提薩陀 依般若波羅密多故 이무소득고 보리살타 의반야바라밀다고

마음에 걸림이 없고, 걸림이 없으므로 두려움이 없기에,

心無罣碍 無罣碍故 無有恐怖 심무가애 무가애고 무유공포

뒤바뀐 헛된 생각을 멀리 여의어서 마지막으로 열반에 들어가나니,

遠離顚倒夢想 究竟涅槃 원리전도몽상 구경열반

과거 현재 미래의 모든 부처도 이 반야바라밀다를 밝힘으로써 무상정등정각을 얻느니라.

三世諸佛 依般若波羅密多 故得阿耨多羅三藐三菩提 삼세제불 의반야바라밀다 고득아뇩다라삼먁삼보리

알지어다 반야바라밀다는 가장 놀라운 주문이요, 가장 밝은 주문이요,

故知 般若波羅密多 是大神呪 是大明呪 고지 반야바라밀다 시대신주 시대명주

가장 높은 주문이요, 무엇과도 견줄 수 없는 주문으로 능히 온갖 괴로움을 없애니,

是無上呪 是無等等呪 能除一切苦 시무상주 시무등등주 능제일체고

진실하여 허망하지 않은지라. 이에 반야바라밀다의 주문을 설하여 가로되,

眞實不虛 故說般若波羅密多呪 卽說呪曰 진실불허 고설반야바라밀다주 즉설주왈

아제 아제 바라아제 바라승아제 모지 사바하 (삼창)

실로 반야심경 그 뜻이 어렵습니다. 또 그 뜻이 어렵기 때문에 한문으로 된 걸 외워도 잘 몰라요. 그래서 '될 수 있으면 우리말로 하는 것이 좀 낫지 않을까?' 하는 생각에서 번역한 겁니다. 나는 나의 개성(個性)이 있으니, 그 개성대로 번역을 했어요.

반야심경이란 부처님께서 (사실상 권도(權道)지요) 관자재보살님이 공부할 때의 그 마음씨, 마음씀씀이를 말한 것으로 보면 될 겁니다. '관자재보살은 이렇게 마음을 가졌느니라.'
물론 관자재보살님은 부처님의 가르침에 따라서 그렇게 마음을 가졌다고 보입니다. 우리가 견성(見性)이란 말을 하지 않아요? 부처님의 입장에서 견성이니 뭣이니 필요 없겠지만, 부처님께서 견성한 분이라고 봅시다. 견성하지 않고는 이렇게 말씀하실 수가 없거든요.

보림선원에서는 절대성이란 말을 하고 있습니다만 절대성 자리, 빛깔도 소리도 냄새도 없는 자리를 어떻게 걷어잡습니까? 걷어잡지 못해요. 우리가 걷어잡으면서도 걷어잡지 못하는 것이 두 가지 있습니다.

첫째는 허공(虛空)입니다. 허공, 절대로 없는 것 아닙니다. 정말로 허공이 없다면 산하대지가 어디서 나옵니까? 여러분이나 내가 과학 공부 안 했더라도, 가만히 생각해 보면 본래 지혜의 발동으로 알게 됩니다.
산하대지가 허공에서 나왔지만 허공은 아무 것도 없어요. 손을 허공중에 휘저어 봐도 걸리는 건 아무것도 없지 않습니까? 그런데 아무 것도 없는데서 산하대지가 나왔어요. 허공을 떠나서는 산하대지가 나올 수가 없는데, 어떻게 나오죠? 그렇게 알 수 있는 근거는 산하대지, 지구가 허공중에 의지하고 있다는 사실입니다. 그 증거가 딱 있어요. 이런 것쯤은 우리가 조금 생각해 나가면 금방 알 수 있어요. '아하, 지구가 허공중에 의지하고 있으니, 그렇다면 이 출처도 허공이구나!' 이거쯤은 우리가 생각할 수 있잖아요? 이 도리를 알겠나나요? 허공에 의지하고 있기 때문에 허공에서 나왔다고 해도 과언이 아니거든요.

그 다음이 우리 성품(性品)입니다. 우리는 성품을 쓰고 있어요. 우리는 허공을 쓰면서도 허공을 모르는 것과 마찬가지로 성품도 쓰고 있습니다. 밥을 해주면 밥을 먹고, 얘기를 하자고 하면 얘기도 하잖아요. 이렇게 그 성품을 씁니다. 혓바닥을 굴려서 말도 하고, 눈이라는 기관을 빌려서 보기도 하며, 귀라는 기관을 통해서 듣기도 합니다. 그런데 늘 쓰면서도 쓰는 줄 몰라요. 말하자면 우리가 허공중에 있으면서도 허공을 모르는 거와 마찬가지입니다.

그렇기 때문에 내가 「절대성 상대성」에 써 놨습니다. 허공을 우리가 자질하려면 -허공을 알려면 그 말입니다- 성품을 걷어잡아야 합니다. 성품을 걷어잡지는 못하지만 나에게 있으니까 걷어잡아야 한다는 말입니다. 또 우리의 성품을 알려면 허공을 걷어잡아야 된다는 이유가 거기 있어요.

그렇다면 허공과 성품이 같은가, 다른가? 다를 것도 없고 같을 것도 없어요. 원래 그 자리는 같다, 다르다는 말을 다 떠난 자립니다. '다를 것도 없고, 같을 것도 없다'고 하는 것이 어물쩡하게 맞는 말이라고 생각합니다.

부처님께서는 반야심경을 통해서, 사람의 본래 소식 자리를 그대로 역력하게 나퉜습니다. 사실 이거 참으로 어렵습니다. 그러니까 이전 어른들이 하던 거 그건 그대로 좋아요. 내가 그걸 외우지는 못합니다만 그 중에 이런 말도 있습니다. 아약향도산(我若向刀山), 아약향아귀(我若向餓鬼) 하는 글귀인데 전부 과학적이에요, 견성한 분들이 좋은 게송을 추려서 써 놓은 것이거든요.

아약향도산(我若向刀山), 내가 칼산으로 간다. 칼산, 이것은 지옥입니다. 내가 칼산으로 가면 도산자최절(刀山自摧折)이라, 칼산이 저절로 없어져요.

우리가 지옥 안 가고 누가 가느냐는 말입니다. 사람들은 지옥 싫어하겠지만 지옥의 성품과 극락세계의 성품이 같은데, "우리가 안 가고 누가 가느냐?" 이런 말 내가 종종 합니다. "우리가 간다면 지옥에 연꽃이 핀다." 이런 말도 하는데, 사실은 지옥도 내 마음으로 만드는 거예요. '지옥은 지옥이고 나는 나다' 이렇게 생각하는 사람도 있겠지만, 지옥도 나의 성품에서 나온 것이거든요.

나의 성품에서 어떤 문제를 하나 세워서 내가 만든 것이에요. 내가 지옥(地獄)을 가든 극락세계(極樂世界)를 가든 자유자재로 할 수 있다면, 극락이 극락 아니고 지옥이 지옥아니다, 이런 문제가 되는 겁니다. 사실 극락세계라 하더라도 이름뿐인 극락세계입니다. 이건 대승도리로 하는 말이에요. 지옥이라 하더라도 이름뿐인 겁니다. 결국은 내가 만드는 것이거든요. 나하고 관계 안 되는 것이 없어요.

그러하기 때문에 도인들이 간다면 지옥이 지옥일까요? 지옥이 지옥 아닙니다. 도인들은 지옥이든 극락세계든 싫어하거나 좋아하지 않아요. 인정은 하더라도 거기 얼붙지 않습니다. 도인들은 극락세계에도 얼붙지 않습니다. 만약 극락세계에 얼붙으면 지옥이라는 데 당장 휘둘린단 말이에요. 극락세계는 상대성이니 극락이 있다면 지옥도 반드시 있게 마련입니다. 도인의 심정에 좋고 나쁜 것. 좋고 싫은 것이 어디 있나요? 전부 자기 성품 씀씀이인데. 그러하니 좀 어렵다 이거예요. 그러하기 때문에,

칼산에 가면 [我若向刀山]^{아약향도산}
칼산이 저절로 없어져 [刀山自摧折]^{도산자최절}
아귀에 들어가면 [我若向餓鬼]^{아약향아귀}
아귀가 저절로 배가 불러 [餓鬼自飽滿]^{아귀자포만}

그러하기 때문에 우리가 공부하는 겁니다. 그렇지 않다면 이 고생을 하면서 무엇 때문에 공부하겠습니까?

다시 한 번 말하자면 반야심경, 이건 관자재보살(觀自在菩薩)이 공부할 때의 마음 가짐새, 이걸 쓴 겁니다. 우리도 하면 될 수 있지 않겠습니까? 여러분의 마음씨와 관자재보살의 마음씨가 둘이 아니고, 절대 하나이기 때문입니다. 다만 여러분의 팔하고 다리하고 달라. 팔도 내 것이고 다리도 내 것입니다. 손도 손가락들이 있고, 발도 발가락들이 있어. 그러나 손가락과 발가락이 다릅니다. 물론 다르지요. 입처(立處)가 다르기 때문에 다르겠지만, 내 몸에 붙어있는 것은 한 가지 아니에요? 다를 것이 없어요. 그런 줄만 알아 두세요.

'관자재보살이 깊이 반야바라밀다를 행할 때[觀自在菩薩 行深般若波羅密多時]'

반야바라밀다는 지혜입니다. 큰 지혜를 뜻하는 거예요. 우리가 지혜라고 말을 해 봐도 반야바라밀다의 원래 뜻에 딱 부합되지는 않습니다. 우리말로는 합당한 것이 없어요. 반야바라밀다, 이건 죽이고 살리는 일[殺活]을 자유자재로 하는 지혜입니다. 굉장한 자리예요. 그러나 말을 하자면 지혜라고 말할 수밖에 없죠 "이렇다 저렇다" 하고 해설한다는 것도 잘못입니다.

'다섯 쌓임이 모두 비었음을 비추어보고 온갖 괴로움과 재앙을 건졌느니라[照見五蘊皆空 度一切苦厄]'

제일 먼저 오온(五蘊)이 빈 걸 알았어요. 오온은 색수상행식(色受想行識)입니다. 내가 여기서 색(色)을 번역하기를 '것'이라 했습니다. '것'이라고 한 걸 두고 반대할 분들도 있을지 모르겠어요. 그래도 나는 '것'이라 번역했습니다. 나중에 색성향미촉법(色聲香味觸法), 즉, 빛깔[色]·소리[聲]·냄새[香]·맛[味]·닿질림[觸]·요량[法]이 나오는데, 여기도 색이 있어서, 결국 색(色)이 두 가지가 나왔어요. 그래서 나는 오온의 색을 '것'이라고 고쳤습니다. 그런데 '것'이 '이것, 저것' 할 때의 '것'이에요. '것'이 완전 명사는 아닌 줄도 알지만 내가 그렇게 명사로 만들어 쓰면 되는 것 아닌가요?

왜냐하면 불법이란 내 살림이기 때문에 그렇습니다. 여러분은 여러분의 살림살이 준비하는 거예요. 여러분의 살림살이를 준비하지 못하면 그건 여러분이 공부하는 것이 아니에요. 우리가 성불한다 할지라도, 부처님의 성불과 여러분의 성불은 다릅니다. 그러나 달라도 그 당처는 하나예요. 사실 부처님의 허공과 우리 허공이 다른 것이 없습니다. 꼭 같죠. 다만 그 입처(立處)에 따라서 허공에 대한 관념도 달라지는 겁니다. 부처님에겐 부처님의 입처가 있어요. 입처라는 건 입장이에요. 우리에겐 우리의 입처가 있습니다. 예컨대 우리는 보림선원에 앉아 있고, 부처님은 도솔천에서 설법하고 계십니다. 이렇게 입처가 다르지만 본질적으로 다른 건 하나도 없어요. 꼭 한가집니다.

오온이란 건 것[色]·느낌[受]·새김[想]·거님[行]·알이[識]입니다. 여기 알이[識]란 말은 알음알이를 뜻하는 겁니다. 알음알이 그렇게 할 필요 없어요. 우리가 말 배우려고 하는 거 아니지 않습니까? 그래서 알이라고 줄였습니다.

것[色]은 '이것, 저것' 하는 것. 색 성 향 미 촉 법의 색은 빛깔이거든요.

느낌[受]은 느끼는 것, 받아들이는 것입니다.

새김[想]은 생각 상(想)자를 그렇게 풀었습니다. 될 수 있으면 우리 말마디로 인식해야 되겠다는 생각에서 그랬습니다. 생각 상(想)자 이건 '새김', 생각 념(念)자 이건 '여김', 마음 심(心)자 이건 '마음', 그런 식으로 구분했어요. 가만 보면 굉장합니다. 마음 씀이나 생각에 관련된 한자도 수십 자가 있어요. 다 우리말로 구분해서 풀 수는 없어요. 좌우간 어쨌든지 우리가 가장 많이 쓰는 말로 해 보자고 생각해서 '새김'이라고 했습니다.

거님[行]은 행하는 것, 거닌다 말입니다.

알이[識]는 알음알이. 알음알이를 알이라고 했습니다. 그걸 한 번만 들으면 안 잊어버리거든요.

말마디를 지어내는데 무슨 정해진 법[定法]이 있나요 정법이 없습니다. 정법이 없기 때문에 영어도 있고 일본말도 있고 한국말도 있는 것 아니겠습니까? 만약 정법이 있다면 일본말이나 한국말이나 영어나 꼭 같아야 되는 것이거든요. 정법이 없기 때문에 나도 무정법(無定法)을 한 번 굴려 보는 셈입니다. 무정법을 굴리는데 이익이 있다면, 무정법을 굴려야지 굴리지 않을 까닭이 뭐 있습니까? 불교는 "이렇고 어떻고" 그 뜻은 모르면서 말마디를 고집하는 사람들이 있는데, 불법은 고집하는 법이 아닙니다.

'다섯 쌓임이 모두 비었음을 비추어 보고[照見五蘊皆空]'

다섯 쌓임의 그 당처가 빈 것을 보고,

'온갖 괴로움과 재앙을 건졌느니라[度一切苦厄]'

가만 보니, '좋다 나쁘다, 선이다 악이다, 불법이다 불법 아니다' 하는 것들이 전부 명자(名字)일 뿐이고, 명자지만 텅 비었어요. 이걸 알았다 그 말입니다. 이걸 알아 놓으니 괴로운 것이 있을 수 있을까요? 빈 것을 걷어잡고 괴로워 할 필요가 있습니까? 빈 것을 걷어잡고 괴로워 할 필요가 있습니까? 여러분, 그건 참으로 어리석은 일입니다. 우리 부처님 아니면 이렇게 말씀 못합니다. 부처님, 정말이지 굉장한 어른입니다. 참말로 옆에 계시면 술 한 잔, 막걸리 한 잔 대접할 만합니다.

전부 비었습니다. 모든 법이 다 비었어요. 모든 것들이 다 비었으니, 그 빈 걸 걷어잡고 번뇌를 일으킬 필요 없다는 말이에요. 물론 이건 대도인의 입장에서 그렇습니다. 또 대도인이 아니라 할지라도 이 도리를 알면 사실 그렇지 않겠습니까?

우리가 사람의 몸을 나투었으니 될 수 있으면 재미있게 편안하게 굴리는 것이 원칙입니다. 이 원칙을 모르고 출처를 모르니까, 잘 안 되는 것이거든요. 그래서 우리가 괴로워하는데, 괴로워하는 거기다가 빈 걸 딱 갖다 붙였어요. 비었다는 것이 사실이라면 정말로 괴로워할 필요가 없는 것이거든요. 괴로워하지 않기 때문에 생각도 없어지는 것이 사실 아니겠습니까?

참으로 이 이치를 마음속으로 생각한다면 모든 생각이 다 없어져 버립니다.

나중에는 지옥도 와지끈하고 부서집니다. 천당도 와지끈 부서져요. 여기에는 극락이니 천당이니 붙을 자리가 없어요. 그런 명자가 들어붙질 않습니다. 극락세계니 천당이니 지옥이니 하는 것이 다 명자 아닌가요? 자기가 만들어냈든 어쨌든 말이죠. 아미타불의 극락세계, 아미타불은 아미타불 대로의 극락세계라. 극락세계가 없는 것도 아닙니다. 그러나 저러나 다 이름자임에는 틀림없어요. 다 이름자라는 걸 철저히 느끼면 여기서 문제가 해결됩니다.

'사리자여, 것은 빔과 다르지 않고, 빔은 것과 다르지 않으므로
색 불 이 공 공 불 이 색
[色不異空 空不異色]'

이것, 저것 모습이 있어요. 마음의 모습이든지 실제 모습이든지 모습이 있어요. 모습을 딱 하나 인정하기 때문에 이름자가 나오는 겁니다. 마음으로 착하다고 여길 때, 착하다는 것이 모습이 없는 것 같아요. 그러나 모습이 하나 있습니다. 착하다는 뭔가가 결정되거든요. 주장자다, 사람이다, 남자다. 이건 빛깔의 모습이고, 여기서 이름자가 나오는 겁니다. 명자(名字)가 나오는 거예요. 그러기 때문에 이름자가 나오는 것은 전부 빈 걸로 봐야 됩니다. 이름자를 나툴 수 있기 때문에 빈 것입니다.

'것이 곧 빔이요 빔이 곧 것이니[色卽是空 空卽是色],
느낌 새김 거님과 알이도 또한 다시 이러니라[受想行識 亦復如是]'

이거 부처님 말씀입니다. 느끼는 것, 새기는 것, 거니는 것, 알이, 즉 수상행식도 역시 비었다는 말입니다. 우리가 수상행식도 다 비었다는 생각을 가질 것 같으면 성낼 것이 뭐 있습니까? 성낼 것도 없고, 기뻐할 것도 없고, 슬퍼할 것도 없어요. 그러나 무정물처럼 부정(否定)한다는 말은 절대로 아닙니다. 끄달리지 말라, 좌우되지 말라는 그 말이에요. 그 당처가 비었는데, 우리가 실다운 걸 걷어잡고 실랑이할지언정 어찌 실답지 않은 걸 걷어잡고 실랑이 하겠느냐 이 말입니다. 부처님 아니면 이런 말씀할 수 없어요.

우리는 색 수 상 행 식, 이걸 진짜로 알고 있어요. "내가 그렇게 느겼는데, 네가 왜 뭐라고 하느냐?" 이러면 그만입니다. 이거 변명도 안 되는 거예요. 그러니까 이 당처가 전부 비었다고 부처님이 설하신 겁니다. 그런데, 가만히 생각해보면 아닌 게 아니라 비었어요. 우리가 부처님 말씀이라고 무조건 따라가는 건 절대로 아닙니다. 본래 그 자리는 명자를 나툴 수 없어요.

'사리자여 이 모든 줄의 빈 모습은[舍利子 是諸法空相]'

법(法)을 '줄'이라 하고 제법(諸法)을 '모든 줄'로 번역했어요. 법 법(法) 자를 여기서는 줄이라 했습니다. 그 다음에 색성향미촉법에 있는 그 법(法)은 '요량'이라 했어요. 내가 한문에도 능숙치 못하지만 번역하는 것이 하도 재미있어서 한글로 번역하는데 번역이 잘 안 돼요. '정말로 번역 참 어렵구나' 하고 느꼈습니다. 한 권의 책을 번역했다면 책을 새로 만든 거나 한가지예요.

'생김도 아니고 꺼짐도 아니며, 더러움도 아니고 깨끗함도 아니며, 더함도 아니고 덜함도 아니니라[不生不滅 不垢不淨 不增不減]'

'이런고로 빈 가운데는 것이 없으며[是故 空中無色]'

그러니까 빈 가운데는 이것, 저것이 없다 말입니다. 비었는데 뭣이 있겠습니까? 가만히 생각해 보세요. 비었다면 아무 것도 없는 거 아니에요? 이건 말할 것이 없어요.

'이런고로 빈 가운데는 것이 없으며 느낌 새김 거님과 알이도 없으며[是故 空中無色 無受想行識]'
_{시고 공중무색 무수상행식}

텅하게 비었는데 거기 무슨 놈의 느낌이 있으며, 새김은 무슨 놈의 새김이 있으며, 거님은 뭣이 있느냐 말이죠. 비었는데 뭣이 있느냐 이 말이에요.

공부하는 사람들은 색 수 상 행 식의 당처가 전부 비었다는 것을 금방 압니다. '정말로 괴로운 것이 없구나. 참으로 재앙이 없구나.' 이렇게 됩니다. 괴로움과 재앙을 누가 만드는 거냐? 전부 다 자기 마음이 만드는 거예요. 그런데, 자기 마음이 아니라 다른 무엇이 있다 할지라도 이 빈 당처에는 붙을 자리가 없어요. 이것쯤은 자연히 알게 되는 겁니다, 자연히 알게 돼요. 그러니 이 구절구절마다 부처님 생각이 납니다. 너무나 기가 막혀 눈물 날 때가 있어요. '정말 그렇구나! 정말 그래!' 이렇게 되는 겁니다. 여기 또 기막힌 말 해 놨어요. 이거 부처님 아니면 이 말씀 못하실 겁니다.

'눈·귀·코·혀·몸과 뜻도 없으며[無眼耳鼻舌身意]'
_{무안이비설신의}

참말로 없어지는지 모르겠습니다. 부처님도 잘 모르고 한 말씀

인지 모르겠어요.

어쨌거나 눈을 땅에 묻어놓으면 눈이 그대로 있을까요? 그럴 리가 없지요? 그러면 부처님 말씀이 옳은 겁니다. 좌우간 '안이비설신의(眼耳鼻舌身意)가 없다'는 말입니다. 그런데 가만 보니 있습니다. 눈, 귀, 코, 혀, 몸과 뜻이 있어요. 성품으로 봐서 눈의 성품[眼性]이니 코의 성품[鼻性]이니 하면 그 성품이 빈 줄 알아요. 그러나 부처님은 바로 이렇게 눈, 귀, 코, 혀, 몸, 뜻이 없다고 말씀했어요. 그렇다면 아닌 게 아니라 괴로워하고, 그렇게 느낄 필요가 하나도 없습니다.

이렇게 보면 '그러면 나는 무엇인가?' 하는 생각이 나게 되는데, 난 뭣이냐 하면 내가 따로 있거든요. 아무 것도 없는 것을 쓰는 자리가 있어요! 여기서 춤이 나옵니다. 아무 것도 없어요. 가만 보니 부처님 말씀이 하나도 틀리지 않아요. 아무 것도 없습니다.

'빛깔·소리·냄새·맛·닿질림과 요량도 없으며[無色聲香味觸法]'

색 수 상 행 식, 이것이 없어요. 게다가 빛깔 소리 냄새 맛 닿질림과 요량, 이것도 없다 했어요. 아니 눈을 뻔히 뜨고 있는데 눈이 없다면 어떻게 됩니까? 눈을 뻔히 뜨고 있고, 말을 듣고 있는데 보고 듣는 것이 없다고 해요. 하지만, 가만히 생각하니 정말로 없습니다. 정말 없어요. 만약 있는 거라 하면 쭉 그대로 계속 있어야 되겠는데 그러질 못하니 없는 거예요. 전부 하나의 기관으로서 작용에 지나지 못하는 겁니다. 우리의 몸뚱이 하나의 기관이에요. 기관이면서 눈·귀·코·혀·몸·뜻까지 다 있거든요. 그런데 기관이 정지한다든지 하면 없습니다. 다만 쓰긴 써요. 안이비설신의를 쓰긴 쓰지만 뚜렷한 것이 그대로 있는 것은 아니거든요. 허공이나 마찬가지입니다.

여기서 내가 이런 생각을 했습니다. 공부하는 자리이기 때문에 내가 하는 말입니다. 반야심경 이거 구마라습(鳩摩羅什) 스님이 번역한 겁니다. 인도 말을 한문으로 번역한 건데, 색수상행식(色受想行識), 색성향미촉법(色聲香味觸法). 여기도 빛 색(色)자가 들어가고, 저기도 빛 색(色)자가 들어갑니다. 구마라습 이 분이 '부처님의 뜻을 참말로 모른 거 아닌가?' 나는 이런 생각이 들어요. 어쨌거나 번역한 구마라습, 이 분의 은혜가 참으로 큽니다. 하지만 이 번역에 대해서 내 생각은 좀 다릅니다.

왜 그런가 하면, 색수상행식, 색자로 번역한 것 좋습니다. 빛깔이란 뜻으로 됐어요. 그런데, 그 다음에 나오는 색성향미촉법, 왜 여기서 또 색자를 썼느냐 그 말입니다. 물론 그 뜻을 두 가지로도 해석하고 세 가지로도 해석한다고 하면 되긴 돼요. 그러나 합리화시키고 그럴 필요가 없습니다. 구마라습 이 분이 견성했다는 건 우리가 압니다. 그렇게 알아져요. 그렇게 생각하는 것이 원칙입니다. 견성 못하고는 불경 번역할 수 없습니다. 턱도 없어요. 그건 안 되는 법입니다. 그렇지만 '구마라습 이 분이 부처님의 뜻을 나만큼도 모른다.' 난 이렇게 생각합니다. 여러분, 자신 가지세요. 난 그때 그렇게 생각했어요. '이 분이 부처님의 그 심정을 알긴 알지만 아마 나만큼은 몰랐구나.' 시건방지다고 여러분이 웃어도 좋아요. 같은 도반끼리 웃고 울고 해야지 어쩔 겁니까. '후세에 전하는 사람들이 오자(誤字)를 집어넣은 것 아니냐?' 또 이렇게도 생각했어요. 내가 고민을 좀 했습니다. 고민을 위한 고민은 아니고, '어딘가 맞지 않다' 이렇게 내가 생각했습니다.

어떤 분에게 내가 물었습니다.

"도대체 번역할 때는 대중을 상대로 해야 되는데, 까딱 잘못하면 죄를 짓게 되는데, 이 사람 부처님 뜻 잘 모르는 거 아니냐? 그렇다면 이거 죄로 가는 것 아니냐?"

그 분 말이, "한문은 글자 하나로 이런 뜻도 되고 저런 뜻도 됩니다."

그 말을 듣고서야 내가 납득이 갔습니다.

내가 왜 이런 말을 하는가 하면, 일주일 철야정진하는 데 여러분의 마음이 어딘가 달라도 달라. 보통 중생계를 뛰어넘었어. 뛰어넘은 여러분들에게 어찌 이 말을 하지 않겠습니까? 내가 잘못돼도 좋아요. 여러분들이 날 잘못이라고 지적하면 되는 것이고, 난 또 그대로 받아들일 수도 있고요. 공부하는 자리가 아니면 이런 말 하는 법이 아닙니다.

천육백여 년 전에 구마라습 스님의 붓을 통해서 이 반야심경이 번역돼 나오지 않았어요? 그 은혜가 이만 저만한 것이 아닙니다. 그건 내가 알고 있어요. 그런 은혜가 태산 같은 분을 향해서 '잘못이 있다'고 내가 이런 말 할 수 있습니까? 그러나 공부하는 도량(道場)에서는 말할 수 있어요. 공부하는 도량에서는 우물쭈물하는 법이 아닙니다. 왜 그런가? 자기 살림 토로해야 되거든요. 또 내 살림이 나쁘면 내 살림 뜯어고칠 수 있어요. 그때 그런 생각을 했는데 좌우간 이건 미지수예요. 구마라습 이 분이 잘 모르는 거든지, 세월이 오래 흐르면서 오자가 끼워졌던 것이 아닌가? 나는 이렇게 생각합니다.

그러나 저러나 그건 구마라습의 일이고, 내가 번역한다 말입니다. 내가 구마라습 이 분이 번역해 놓은 걸 가지고 그대로 우리말로 번역해요. 이건 바로 부처님 말씀 아니에요? 그러나 그걸 그대로 받아들이지 않으면, 내가 부처님 말씀이 이해가 되지 않는다 할지라도 나로서는 그렇게 밖에 할 도리가 없어요. 그렇기 때문에 이건 김 백봉의 번역이지 구마라습의 번역이 아니라는 말이 그 말입니다. 구마라습이 이렇게 번역 해놓지 않았으면 내가 어떻게 뭣을 걷어잡고 할까 이 말이에요. 그러나 공부하는 자리기 때문에 내가 말하는 겁니다. 기탄없이 말해야 되지 않겠습니까? 여러분이 무조건 눈먼 망아지가 요령소리만 듣고 따라가는 건 아니거든요.

그러기 때문에 '죽어도 내가 죽고 살아도 내가 산다' 이 말이 여기서 나온 겁니다. 간단한 말인데, 사실이고 뻔한 일인데, 이거 하나의 말마디로 되니까 좀 달라요. '참 그 말 좋습니다' 하는 사람들이 있어요. 아, 뻔한 건데 말이죠. 죽어도 내가 죽고 살아도 내가 산다는 말 당연한 건데, 명언도 아니고 아무 것도 아닌데 좋다고들 합니다. '느낌이 참 다릅니다' 하는 사람들도 있어요.

'빛깔 소리 냄새 맛 닿질림과 요량도 없으며[無色聲香味觸法]'

여기서 요량이라는 건 잘 헤아리는 것이란 말입니다. 잘 헤아리는 것도 없으며,

'보임도 없고[無眼界]'

보는 것도 없으며,

'나아가 알리임도 없으며[乃至 無意識界]'

다 없다 말입니다.

'안밝음도 없고[無無明]'

무명을 '안밝음'이라고 했습니다. 무명은 '밝음이 없다' 이렇게 번역하는 것이 옳은데, 내가 하나의 말로 만들었어요. 안 밝음, 무명, 글자가 두 개나 들어가지만 말마디를 하나 딱 만들어 놓은 것이 안밝음입니다. 이런 걸 보고 내가 "이렇다"고 깨 놓고 말하니까 "아, 거 참 좋다"고 하는 사람들이 있어요. 그러나 뜻이 다른 건 하나도 없습니다.

무명하고 안밝음 하고 꼭 같습니다. 어때요? 좀 이상한가요? 내가 이런 사람이니까 내 말 옳으면 듣고 옳지 않으면 듣지 말아요. 무명하면 글자가 두 개 아닙니까? 없다는 무자와, 밝을 명자. 안밝음이라 해서 단어 하나로 만든다는 것이 말이 됩니까? 그러나 나는 합니다. 왜 그러느냐? 죽어도 내가 죽고 살아도 내가 사는 것이거든요.

내 죽음을 내가 왜 거부하는가, 내 삶을 내가 왜 거부하는가 이 말입니다. 내 생각한 대로 내가 한 겁니다. 그래서 이거 나온 거예요.

우리 정신 차려야 합니다. 우리가 공부를 안 한다면 몰라도 생사, 생사고(生死苦)를 눈앞에 딱 갖다 놓고 있는 참인데 여기서 눈치를 보고, 체면 차려서 될 일인가요?

"안밝음 좋습니다. 무명하고 꼭 같은 의미 아닙니까?"

"꼭 같지. 하나도 틀린 건 없어."
"그런데 원래 학문적으로는 그렇게 표현이 안 되잖아요. 안밝음."
"안 되지. 그러니까 학문 그까짓 게 뭣이냐 말이여. 몇 푼어치나 되냐? 학문이."

우리가 불교 공부한다는 건 생사문제 하나 해결하는 것이거든요. 그렇게 하지 않으면 생사문제가 해결되지 않아요. 다른 사람 뒤따라가서는 안 됩니다. 그러니 살아도 지가 살고 죽어도 지가 죽는 거예요. 가만 생각해 봅시다. '아, 죽어도 내가 죽구나.' 뻔히 아는 거예요. 다른 사람이 내 대신 죽는가요? 부처님이 내 대신 죽어주는가요? '죽어도 내가 죽고 살아도 내가 산다'는 이것만 느낀다면 생사 문제 저절로 해결되는 겁니다.

'안밝음도 없고 또한 안밝음의 가뭇도 없으며, 나아가 늙고 죽음도 없고 또한 늙고 죽음의 가뭇도 없으며[無無明 亦無無明盡 乃至 無老死 亦無老死盡]'

예전에 이런 말 있습니다. '가뭇'이라고, '아무 가뭇도 없다'고. '흔적도 없다' 이 말입니다. 옥편에 있어요. 죽고 사는 거라든지 마음이라든지, 지금까지 말한 것들이 뭐 흔적이 있어야 되는데 흔적도 없다 이 말입니다. 그러니 깨끗하다 이 말이에요. 뭣을 걸어잡고 밝다, 또 뭣을 걸어잡고 어둡다 해야 되겠는데 흔적이 없어요. 밝다 어둡다 이것이 없어요. 원래 그대로가 그대로다 그 말입니다. 이 자리에서 얘기하기 참 어렵습니다. 가뭇도 없어요. 그리고 늙고 죽음의 다함도 없고 이 말입니다.

'괴로움 모임 꺼짐과 수도 없으며[無苦集滅道]'

고집멸도, 도(道)를 '수'라 했습니다. '이럴 수가 있느냐? 저럴 수가 있느냐?' 할 때 쓰는 수예요.

'철도 없고 또한 얻음도 없느니라[無智亦無得]'

내가 지(智)를 '철'이라고 했습니다. 어째서 그 말이 나왔느냐? 애들 키울 때 '이 놈 철들었다'고 말하잖아요. 지혜가 생겼다는 뜻으로 철들었다고 합니다. 지혜 혜(慧) 자는 총명이 아니고 슬기라고 번역했어요. 옥편에 보면 영 다릅니다. 이걸 번역한 지는 오래 됐어요. 아마 십 년이 넘었을 겁니다. 그런데 아직까지 나에게 묻는 사람들이 없었습니다. 어째서 지혜를 철이라고 했느냐? 고 말이죠. '어린애들이 철들었다'고 하는 데 여기 내가 힌트를 얻었어요. 또 혜는 슬기라 하고, 이렇게 하고 보니 좋더란 말입니다. 옥편에는 혜는 총명이라고 되어 있고, 지는 슬기라고 돼있었어요. 그러니까 내가 생각하는 것과 영 틀리거든요. 그래서 옥편 집어 던져 버렸어요.

이렇게 해서 중생들을 어떻게 깨우칠 수 있겠느냐 말이에요. 그래서 철이 나온 겁니다. 우리나라 말로 아이들 키울 때 이렇게 말하지 않습니까? '철들었다. 아, 이 놈 철들었다.' 철이 들어서 비로소 슬기가 나와요. 그래서 이걸 그렇게 한 겁니다. 그러나 저러나 앞으로 우리가 나의 분수로서 남한테 얘기를 하려면, 자기 나름대로 자기 살림살이가 있어야 되지 않겠습니까? 다른 거 아무 것도 아닙니다. 말이야 무슨 말을 하든지 통하면 되거든요. 그래서 무지(無智), 철도 없다 이렇게 한 겁니다.

'얻을 바가 없음으로서[以無所得故]'
이무소득고

얻을 바가 없습니다. 빛깔도 소리도 냄새도 없으니 얻으려 해 봤자 얻을 수가 없어요. 그렇기 때문에,

'보살도를 닦는 이는 반야바라밀다를 밝힘으로써 마음에 걸림이 없고, 걸림이 없으므로 두려움이 없기에, 뒤바뀐 헛된 생각을 멀리 여의어서[菩提薩埵 依般若波羅密多故 心無罣碍 無罣碍故 無有恐怖 遠離顚倒夢想]'
보리살타 의반야바라밀다고 심무가애 무가애고 무유공포
원리전도몽상

이렇게 나가고 있습니다. 여기에 여러분들이 의심이 생길 것입니다. '보살도를 닦는 이는 '반야바라밀다를 밝힘으로써' 그랬습니다. 이거 내 번역이 틀린 것 아닐까요? 한문으로는 의지한다고 돼 있습니다. '의(依) 반야바라밀다'예요. '밝힌다'는 말이 아닙니다. 그러나 나는 밝힌다고 했어요. 왜 그랬을까요?

아까도 말한 바와 마찬가지로 죽어도 내가 죽고 살아도 내가 살

아요. 이것을 번역하더라도 내가 번역합니다. '반야바라밀다를 밝힌다'고 했는데, 의지한다고 한 구마라습의 번역도 좋습니다. 나쁘지 않습니다. 그러나 '의지한다' 하면 어찌 되죠? 의지할 곳이 있고 의지할 자리가 있어요. 다시 말하면 의지와 피의지(被依支)가 있게 됩니다. 이건 순전히 내 생각입니다. 우리가 뭣을 의지한다 말입니까? 본래로 그 자리인데. 본래로 우리가 반야바라밀다의 자리이고, 본래로 우리가 부처, 부처라 할 수 있다 말입니다. 설사 우리가 아무리 멍텅구리라도 그렇습니다. 왜 멍텅구리가 되느냐? 내가 미하기 때문에 중생이 되고 멍텅구리가 되지만, 우리가 번역하는 입처에 있다면 문제가 달라지거든요. 누구한테 의지한다 말이에요? 본 지혜에 의지한다, 의지하인다. 한다, 하인다. 우리나라 말 잘 알 겁니다. 그래서 이걸 밝힌다고 해 놓은 거예요.

그러나 여기에 대해서 아직 아무도 말한 사람이 없어요. 그러니까 만약 '의지한다' 이러면 문제가 두 개가 됩니다. '밝힌다' 하면 하나일 것이, 의지한다, 의지할 것이 있고 의지를 하는 비슷한 두 가지 생각이 나게 돼요. 그래서 나는 이걸 밝힌다고 번역했습니다.

구마라습 존자의 번역이 잘못됐다고 하는 것도 아닙니다. 구마라습 이 분이 번역할 때와 지금은 시대가 달라요. 입처가 다릅니다. 지금은 문물 사회거든요. 우리가 부처님 말씀이라고 전부 그냥 받아들이는 것은 아닙니다. 전부 받아들인다 해도 그것도 전부 번역한 것이거든요. 구마라습이 범어로 된 걸 한문으로 번역한 거 아닌가요? 그러니까 구마라습이 범어를 한문으로 번역한 거나, 한문으로부터 내가 우리말로 번역한 거나 번역한 것은 한 가지예요. 제일 문제는 이것이 옳으냐, 그르냐 이거에요. 그래서 '밝힌다' 해 놓은 겁니다.

읽을 때 뭐라고 할 사람들이 있을는지도 모르겠습니다만, 여러분들 그리 알아서 이걸 읽어야 됩니다. 본래 그 자리 밝히는 거예요. 의지란 말, 턱도 없어요. 내 말이 너무 과격하더라도, 나는 그대로 반야바라밀다입니다. 조금 어둡다 해도 그건 미(迷)한 데에 책임을 돌려야지 의지하고 뭐하고 이런 건 없어요. 의지하면 의지할 물건이 하나 있잖아요? 그래서 이걸 '밝힌다' 한 겁니다. 이걸 여러분에게 한 번 말씀을 드려야 되겠다 하는 생각을 늘 가지고 있었습니다.

이걸 내가 송광사에서 발표했어요. 구산 스님 살아계실 때입니다. 내가 대전 심광사에 있을 때, 한국대학생불교연합회에서 번역해 달라고 했어요. 그 당시 다른 사람이 번역해 놓은 책을 구해서 보니, 내가 납득이 되지 않아요. 비방을 하기 위해서 하는 말이 아니에요. 도대체 물질이란 말 이것부터 납득이 가지 않는 겁니다. 빛깔이란 우리나라 말도 있는데, 이런 걸 놔두고 왜 물질이라 하느냐 말입니다. 이건 내 소견이에요. 잘 됐든 못 됐든 내 소견입니다. 내가 지은 집이에요. 안 되겠다 생각하고, 그래서 그날 저녁에 이걸 만들어서 송광사에서 발표했어요. 송광사에서 발표하는데 구산 스님도 나오고, 다른 스님들도 가사 장삼 입고 다 참석했어요. 가만히 듣더군요. 그 분들이 내가 이걸 번역한 동기보다도 그 뜻을 알았는지 몰랐는지 이건 내가 모르겠어요.

다시 말하자면 '의지한다'는 말을 '밝힌다'고 한 거라든지, 또 '철'이라 한 거라든지, '색수상행식'을 '것 느낌 새김 거님 알이'라 한 거라든지, 이것이 이해되는지 그건 내 모르겠어요. 모르지만 내 딴에는 자신을 딱 가지고 있습니다. 이거 번역하는 데 하루도 안 걸렸어요. 나는 어디까지라도 나의 주견(主見)으로 이걸 번역한 겁니다. 지금 봐도 '의지한다'는 걸 '밝힌다'고 한 것에 대해 조금도 양심의 부끄러움이 없어요. 차라리 의지한다는 말보다 이것이 낫지 않은가? 그러니 구마라습이 한문으로 번역한 것이 부처님의 뜻을 잘 모르는 점도 혹은 있지 않았는가 이렇게 생각합니다. 우리하고는 문제가 다른 분들 아니에요? 그러나 나는 그렇게도 할 수 있습니다. 왜 그럴까요? 그건 우리가 같은 불자이기 때문입니다. 불자가 이런 비판 안 하면 누가 하나요?

마지막으로 열반에 들어가나니 과거 현재 미래의 모든 부처도
이 반야바라밀다를 밝힘으로써 무상정등정각을 얻느니라[究竟涅
槃　三世諸佛　依般若波羅密多　故得阿耨多羅三藐三菩提]
반　삼세제불　의반야바라밀다　고득아뇩다라삼먁삼보리

알지어다 반야바라밀다는 가장 놀라운 주문이요 가장 밝은 주문
이요 가장 높은 주문이요[故知 般若波羅密多 是大神呪 是大明呪 是無上呪]
고지　반야바라밀다　시대신주　시대명주　시무상주

무엇과도 견줄 수 없는 주문으로 능히 온갖 괴로움을 없애니 진
실하여 허망하지 않은지라[是無等等呪 能除一切苦 眞實不虛]
시무등등주　능제일체고　진실불허

이에 반야바라밀다의 주문을 설하여 가로되[故說般若波羅密多呪 卽
說呪曰]
고설반야바라밀다주　즉
설주왈

아제 아제 바라아제 바라승아제 모디 사바하 (삼창)

8장

원을 세우는 말귀

원을 크게 세웁니다(삼창)
비로자나 자성불이 노사나 수용불로
이름세워 나투신 삼계도사 석가모니불과
무루지혜 유마거사를 정법으로 받드옵고
마음속에 깊이새겨 지극정진 하오리다
좋은나라 세우시는 아미타불
널리사랑 하옵시는 관세음보살
삼도지옥 여의시는 대세지보살
묘한솜씨 펴옵시는 문수보살
덕과목숨 이으시는 보현보살
선정해탈 하옵시는 지장보살
다음오실 교주이신 미륵보살
제불보살 마하살은 이내몸의 참면목을
하루속히 되밝혀서 견성성도 하게스리
가피력을 베푸소서(삼창)

우리는 전부 비로자나불(毘盧遮那佛)의 화신(化身)입니다. 비로자나불은 모습이 없어요. 그냥 영특스런 슬기자리라고 할까요? 이 영특스런 슬기자리가 있기 때문에 우리가 눈이라는 기관을 통해서 보고, 입이라는 기관을 통해서 말하고, 귀라는 기관을 통해서 듣기도 하는 겁니다.

이처럼 비로자나불을 영특스런 자리라 해도 좋고, 소소영령(昭昭靈靈)한 자리라 해도 좋고, 말쑥한 자리라 해도 좋지만, 이 모든 말이 다 맞지 않습니다. 하지만 이러한 말마디[言句]를 빌지 않으면 도대체 어떻게도 표현할 도리가 없어요. 솔직히 영특한 자리라고 하는 것도 억만 분의 일 정도나 표현되는 걸까요? 아니, 억만 분의 일도 되지 않을 거예요. 이 말쑥한 자리를 우리가 갖고 있으면서 말쑥하다, 영지(靈知)자리다, 마음이다, 성품이다 등등의 말은 할 수 있지만 그런 말마디로는 완전히 드러내질 못합니다.

그런데 이 자리가 엄연한 거예요. 조금 더 말을 붙인다면 외외당당(巍巍堂堂)합니다. 아무것도 없으면서 또 의젓해요[如如]. 이 자리가 있기 때문에 일체만법이 쏟아져 나옵니다. 산하대지도 여기서 나오고, 우리 육신도 사실상 여기서 나오는 겁니다. 그래서 신령 영(靈)자를 써서 영특스런 슬기라고 말하는 거예요. 허나 여긴 영특도 빠진 자리입니다. 영특하다는 것도 어쩔 수 없이 쓰는 말이에요. 왜냐하면 영특하다는 말은 미련하다와 상대적으로 쓰이기 때문이죠. 실제로는 양쪽 다 떠난 자리입니다. 이 자리가 비로자나불입니다. 이 자리는 있고 없음[有無]을 떠났고, 가고 옴[去來]을 떠났고 동정(動靜)을 떠난 자리예요.

이 비로자나불은 하나의 등불입니다. 거기서 슬기를 나투어요. 성품 그대로라서 사실은 슬기를 나툰다거나 나투지 않는다거나 하는 말도 떨어진 자리인데, 거기서 하나의 슬기를 나투어서 모든 법을 굴립니다. 굴리는 것은 화(化)해서 굴리지만 말이죠. 바로 이 자리가 노사나불(盧舍那佛)이에요. 그리고 여기서 천 가지, 만 가지로 변해요. 머리가 하나인데 머리털이 수많은 것과 마찬가지이고, 저 감나무 뿌리는 하나이지만 잎이 수천 개, 수만 개인 것과 마찬가지입니다. 이처럼 비로자나불에서 지혜상(智慧相)을 갖춘 노사나불을 이루고, 이 지혜상에서 인격(人格)을 나툰 석가모니불(釋迦牟尼佛)이 나와요. 석가모니불은 하나의 인격을 나툰 화신(化身)으로서 중생을 제도하는 겁니다. 다시 말하자면 석가모니불이 곧 노사나불이고, 노사나불이 곧 비로자나불이에요.

자, 그렇다면 어떻게 됩니까? 또 하나가 있으니 바로 중생불(衆生佛)입니다. 중생불에는 두 가지가 있어요. 거사불(居士佛)이 있고 보살불이 있죠. 여러분이 이 말을 어느 정도 깊이 알아들을지가 내겐 의문입니다.

중생불이란 말은 경전에도 없고 누가 말한 사람도 없지만 난 말하고자 합니다. 왜 중생불이 아니겠어요? 중생이 미혹해서 부처인줄 모를 뿐이지 중생불은 중생불입니다. 우리가 중생불이라는 이름 밑에서 아무것도 모르기 때문에 '아이고 답답해라' 하면서 가슴을 칠지언정 중생불은 중생불이지 뭡니까? 여기서 또 구분하면 보살불도 있고 거사불도 있을 수 있지만, 이 모두가 석가모니불로 화신하는 도리로 이루어지는 거예요. 우리도 화신의 중생불이니까요. 또 화신의 중생불이든, 진짜 석가모니불이든 노사나불이고, 노사나불은 비로자나불입니다. 결국 비로자나불은 둘이 있을 수 없고 오직 하나뿐이에요.

이 말을 듣고 여러분 가만히 생각해 보세요. 내가 늘 하는 말, '허공이 하나이니 지도리[樞]가 하나다'라는 말이 이제 실감이 올 겁니다. 부처도 하나이고, 생명의 자리도 하나이고, 목숨의 자리도 하나이고, 진리도 하나이고, 허공도 하나이니 둘이 있을 수 없어요. 절대의 하나입니다. 우리는 이 설법을 듣는 동안에도 진리가 하나라는 걸 확실히 깨달아야 합니다.

허공이 하나이니 진리가 하나 아닙니까? 그렇다면 어찌하여 네가 있고 내가 있나요? 이건 머리털이나 감잎의 경우와 마찬가지예요. 우리는 감나무 잎에 들어앉지 말아야 합니다. 물론 감나무 잎이 내가 아닌 건 아니지만, 감나무 잎으로 보면 너와 내가 있고, 큰 잎과 작은 잎이 있고, 너는 크고 나는 작다는 식이지만, 그러나 이는 감나무 잎이 서로 못나서 자기가 같은 뿌리에서 솟아 나온 줄 모르고 그만 잎끼리만 맞서기 때문에 너니 나니 하는 거예요. 감나무 잎의 근원에서 보면 뿌리가 하나 아닙니까? 이와 마찬가지에요.

9장

누리의 주인공

해말쑥한 성품중에 산하대지 이루우고
또한몸도 나투어서 울고웃고 가노매라
당장의 마음이라 하늘땅의 임자인걸
멍청한 사람들은 몸밖에서 찾는고야

우리는 누리의 주인공

'해말쑥한 성품 중에 산하대지 이루우고'
산하대지가 여러분의 해말쑥한 성품 중에 나투고 있습니다. 그렇기 때문에 우리가 누리의 주인공입니다. 그런데 이 사실이 너무 큽니다. 커서 사람들이 신(信)을 안 해줘요. 화가 나서 죽겠습니다. 나는 죽도록 과학적으로 말했는데, 사실 그대로 두고 말하는데, 여러분은 믿지 않는 것 같아요.

'또한 몸도 나투어서 울고 웃고 가노매라'
우리 몸을 나투어서 울기도 하고 웃기도 하는 거 아니에요?

'당장의 마음이라 하늘땅의 임자인 걸'

여러분의 성품 중에 산하대지 나뒀는데, 어찌 여러분이 하늘땅의 임자가 아니겠는가 하는 말입니다. 여러분이 하늘땅의 임자라는 걸 거부하더라도, 그렇게 거부한 그 놈이 하늘땅의 임자입니다.

왜 그런가요? 허공은 지혜가 없지만, 허공과 같은 여러분의 성품은 지혜가 있기 때문입니다. 지혜가 있기 때문에 하늘땅의 임자인 거예요. 정말이지 여러분 집에 가서 두꺼운 이불 덮어쓰고 하루 종일 안 일어나도 좋고, 밥도 안 먹어도 좋으니 이걸 하루 종일 생각해 봐요. 여러분이 임자가 아니에요? 여러분이 임자가 아니면 누가 임자냐 말이여. 누가 임자냐 말입니까?

여러분의 지혜 자리는 빛깔도 소리도 냄새도 없는 자리입니다. 하나입니다. 물론 이걸 바탕으로 해서 숱한 몸뚱이를 나투고 숱한 법을 나눠요. 그래서 이 법 놀음을 잘 하고 못하는 것도 인연 관계입니다. 어쨌거나 근본 바탕은 여러분이에요. 내가 하는 이런 말 중에 조금이라도 틀린 것이 있다면, 삼도 지옥 나 혼자 도맡아 가게 될 겁니다. 그러니 어떻게 함부로 거짓말을 할 수 있겠어요? '얘기가 너무 크다' 이렇게 생각할지 모르겠습니다만, 절대로 큰 것이 아닙니다. 우리가 크고 작은 걸 굴릴지언정 사실로 크고 작은 것은 없어요. 큰 건 큰 것이 아니라 이름뿐인 큰 것이고, 작은 건 작은 것이 아니라 이름뿐인 작은 거예요.

허공은 지혜가 없지만 여러분의 마음자리는 지혜가 있으니, 바로 여러분이 허공의 주인공, 누리의 주인공입니다. 다만 이 색신(色身)을 '나'라고 애착을 붙이기 때문에 허공을 딴 세계처럼 생각하는 거예요. 그러나 색신은 내 관리물은 될지언정 실제로는 내 것이 아닙니다. 그래서 눈으로써 눈을 삼지 말고 보는 놈으로 눈을 삼으라고 말하는 겁니다. 눈이 보는 것이 아니라 눈을 써서, 눈을 통해서 허공성(虛空性)이 보는 것이니까요. 귀로써 귀를 삼지 말고 듣는 놈으로 귀를 삼으라는 것도 허공성이 듣기 때문이에요. 내가 이러한 말을 하는 것은 허공성 자체가 내 몸이라는 인식을 주기 위해서입니다.

이 허공성이 슬기를 나툴 때, 슬기 역시 허공성이지만, 우리는 누리의 주인공이 되는 겁니다. 설사 여러분이 '난 누리의 주인공이 아니다'라고 하더라도, 아니라고 부정하는 그놈이 바로 누리의 주인공입니다. 그러니 여러분은 잘났거나 못났거나 지구의 주인공이고, 이 온 우주의 주인공이에요. 이 때문에 내가 '누리의 주인공'을 지은 겁니다.

해말쑥한 성품 중에 산하대지 이루우고
또한 몸도 나투어서 울고 웃고 가노매라.
당장의 마음이라 하늘땅의 임자인 걸
멍청한 사람들은 몸 밖에서 찾는고야.

내가 자신 없이 이걸 지었겠습니까? 여러분이 바로 누리의 주인공인데, 이 사실은 까마득히 잊어버리고, 뼈에다 살을 바르고 옷을 걸친 이 육신만을 나라고 하기 때문에 누리의 주인공이 되지 못하는 거예요. 이 육신은 상대성(相對性), 말하자면 하나의 그림자처럼 나타난 것에 지나지 않습니다. 하지만 누리의 주인공 자리는 낳는 것도 아니고 죽는 것도 아니에요. 죽으려야 죽을 수 없는 것이 여러분입니다.

이 자리는 물에 들어가도 젖지 않고, 불에 들어가도 타지 않습니다. 오히려 물과 불이 여러분에게서 나오는 거예요. 이건 아주 과학적입니다. 난 이 자리에서 여러분이 누리의 주인공이라고 공언합니다.

이 슬기 자리가 바로 누리의 주인공이고, 이 자리를 여러분 모두가 다 가지고 있습니다.
슬기는 무엇인가요? 지금 내 말을 듣고 있는 그 자리가 슬기입니다. 물론 슬기는 빛깔도 소리도 냄새도 없기 때문에 걷어잡지 못하지만, 내 말을 들어서 인식하는 그 놈이 슬기란 말입니다. 부처님의 슬기도 여기서 벗어나지 않습니다. 슬기를 쓰는 데 있어서는 부처님과 우리가 천양지차지만, 그 바탕은 똑같거든요. 그러니 여러분에게는 어머니 배 속에서 몸이 떨어진 다음부터 나중에 불구덩이나 흙구덩이에 들어갈 때까지 슬기가 의젓하게 있어요.

바로 이 자리가 '천상천하 유아독존(天上天下 唯我獨尊)'의 자리입니다. 이 자리가 누리의 주인공입니다.

슬기는 찾을 수 없지만 인정할 수 있어요. 물론 이 슬기를 잘 쓰고 못 쓰고는 별문제지만, 무명(無明)의 앞 소식인 본래의 슬기가 누리의 주인공이라고 나는 단언합니다. 그래서 '당장의 마음이라 하늘땅의 임자인 걸'이라고 지은 거예요. 당장의 마음이라 표현했지만, 이 '당장의 마음'은 억(億) 년 전에도 이 마음입니다. 물론 억 년 전의 몸뚱이는 지금과는 달라요. 하지만 경계에 닿질리지 않는, 다시 말해서 변하지 않는 그 마음은 억 년 전이든 억 년 후든 같습니다. 물론 이 마음을 바탕으로 해서 일으키는 천차만별의 분별심(分別心)은 별문제입니다. 그래서 이 '당장의 마음'이 하늘땅의 임자가 되는 겁니다.

이 마음은 여러분의 마음이면서 여러분의 마음만이 아닌 일체의 마음입니다. 이 마음은 하나입니다. 마치 파도는 다양하지만 바닷물은 하나인 것과 같아요. 부처님도 이 마음을 바탕으로 해서 일어나고, 우리도 이 마음을 바탕으로 해서 일어나고, 축생들도 이 마음을 바탕으로 해서 일어나고, 천당과 지옥도 이 마음을 바탕으로 해서 일어나는 겁니다. 그러니 여러분은 절대의 존재가 안 되려야 안 될 수가 없습니다. 완전한 인간이 된다는 것도 이 마음을 가져야 되는 것이니, 여러분은 '당장의 마음'이 누리의 주인공이라 생각하면서 항상 몸가짐을 삼가야 합니다.

'멍청한 사람들은 몸 밖에서 찾는고야'
좌우간 나를 떠나서는 아무것도 없습니다. 극락세계든 뭐든 마찬가지에요. 나를 떠나서 파순이가 있습니까? 모습놀이 하는 것이 파순이고, 정념(正念)을 가져서 공리(空理)에 요달(了達)하는 것이 부처인데, 정념을 가지는 것도 내가 하고, 모습놀이 하는 것도 내가 하는 것 아닌가요? 나를 여의고 무엇이 있나요?
그러하기 때문에 내 몸을 떠나서 뭔가를 찾는다면 그것이 바로 사도(邪道)를 행하는 겁니다.

하늘땅의 앞 소식

여러분들 단단히 알아두세요. 보통 우리는 몸뚱이를 소유물(所有物)로 압니다. 하지만 몸뚱이는 우리의 관리물(管理物)에 지나지 않아요. 소유물이 아닙니다.

"왜 내 몸뚱이가 내 소유물이 아닌가?" 그렇게 생각할 수도 있습니다. 하지만 정말로 여러분의 몸뚱이가 여러분의 소유물로서 여러분 마음대로 되던가요? 여러분이 늙지 말라면 몸뚱이가 늙지 않던가요?

나는 이발을 자주 해야 되거든요. 머리카락이 이렇게 서기 때문에 자주 해야 돼요. 귀찮습니다. 빌어먹을 놈의 머리카락, 내 소유물 같으면 "길지 마라" 하면 내 말 들어야 되는데, 내 말 안 듣거든, 내 말 안 들어요. 여러분 가만히 생각해 보세요.

때로는 여러분의 몸뚱이를 여러분 마음대로 하는 것이 어느 정도 되긴 돼요. 어떨 때는 그대로 흉내는 내지요. 흉내는 낼 수 있지만 정말로 여러분의 몸뚱이는 여러분 마음대로 되는 것이 아닙니다. 그럼 뭐지요? 여러분들이 지니고 있기 때문에 관리물이라고 하는 겁니다. 이거 외우세요.

이번 철야정진 때 이걸 여러분에게 확실히 알려 드리는 것이 내 의무입니다. 듣는 사람은 잔소리 같아서 재미도 없을 것 같습니다만, 재미없어도 나는 억지로 이 말을 할 작정입니다.

여러분의 몸뚱이는 여러분의 관리물은 돼요. 관리는 하고 있어요. 옷도 입혀 주고, 세수도 하고, 밥도 먹여 주고, 관리하고 있잖아요? 그러나 소유물은 아닙니다. 이거 문제가 조금 어렵습니다.

그러면 여러분은 뭘까요? 마음이지요.
마음이라 해도 좋습니다. 성품이라 해도 좋아요. 절대성이라 해도 좋고요.
그러면 마음이 도대체 어떻게 생겼습니까?
여러분, 마음에 대해 생각해 본 일 있는가요? 그 마음이란 것이 어떻게 생겼는가 하고 말입니다. 있긴 있어요. 마음이 없는 것이 아니에요. 있긴 있는데 어떻게 생겼는지 그건 모릅니다. 그리고 찾으려면 못 찾아요.
여러분의 마음 찾아본 일 있습니까?
찾으려면 못 찾겠는데 있긴 있어요.

그렇기 때문에 이전 선사(禪師)들, 어른들이, "유무(有無), 즉 있고 없음을 뛰어넘은 자리다" 이런 말을 종종 했습니다. 있는 것도 아니고 없는 것도 아닙니다. 허공, 있는 것도 아니고 없는 것도 아니에요. 여러분 모두가 이 자리를 가지고 있습니다. 사람마다 다 있어요. 여러분이 만든 업연(業緣) 관계로 잘 나고 못난 것, 똑똑하고 똑똑하지 못한 것은 있을지언정 사람마다 다 이 자리가 있어요.

그러하니 여러분 어떻습니까? 마음이란 있습니까? 없습니까?
'없다'하면 벌써 틀립니다. 내 말을 들을 줄 알거든요. 내 얼굴을 여러분이 볼 줄도 압니다. 그러면 마음이 없는 건가요? 틀림없이 있어요.
그렇지만 '있다' 하면 찾아내질 못합니다. 허공과 마찬가지에요.

그렇다면 마음이 큰 건가요? 작은 건가요? 한번 생각해 봅시다.
가까운 예를 들어볼까요? 여러분 은하수(銀河水) 보죠?
여러분은 은하수를 볼 줄 압니다.
다른 건 여러분이 보지 않는다 할지라도 말이죠.
무슨 말인가 하면 모습에만 주저앉은 사람들은 꼭 모습만 본다는 말입니다.
그래서 여러분은 허공 볼 줄 모릅니다. 그러나 그건 어쩔 도리가 없어요.
하지만 이제부터는 여러분이 허공을 볼 줄 알게 될 겁니다.
크다면 무한히 큰 거예요.
크다면 온 누리를 덮은 겁니다. 이거 과학적이에요.
작다하면 있는 것도 아니고 없는 것도 아닙니다.
바늘귀라도 꿸 수 있을 만큼 작아요.
희한한 겁니다. 희한한 거예요. 참으로 희한한 겁니다.
크다 하면 온 누리를 덮고, 작다 하면 바늘귀도 꿰는 이 자리! 어떻습니까? 여러분!

이 자리가 어떤 자리입니까?

이 자리는 시작이 없습니다. 누가 만들어 낸 것도 아니에요. 시작이 없어요.

왜 시작이 없는가? 빛깔도 소리도 냄새도 없기 때문에 시작이 없다는 겁니다. 이것이 뒷받침이 되는 거예요. 시작이 없기 때문에 종말(終末)도 없습니다.

그 자리, 그 절대성 자리, 그 마음자리는 시작이 없으니 끝이 없어요.

이거 당연한 것 아닌가요? 이것쯤은 여러분이 알아들을 겁니다.

몸은 시작이 있어요, 그래서 끝이 있어요. 생사는, 이것이 실답은 거든지 실답지 않든지 그건 별문제로 하고 시작이 있고 끝이 있어요.

그러나 이 절대성 자리, 이 몸을 맘대로 끌고 다니는 이 자리, 여러분이 공부하려고 와 있는 이 자리는 시작이 없습니다. 우리가 모를 따름이지 시작이 없어요.

이 자리는 하늘과 땅이 생기기 전부터 있는 겁니다.

"여러분들이 이 도리 모르면 참 원통합니다. 원통해요." 내가 이런 말 했습니다. 몸뚱이는 죽는 것입니다. 모습이니까 시작이 있어요. 몇 십 년 전에 어머니가 나를 낳아 주셨어요, 그러면 시작이 있는 겁니다. 그러면 끝이 있을 거구요. 나중에 화장터로 가든

묘를 쓰든 이 모습 몸뚱이에는 끝이 있을 수밖에 없습니다. 사실로 이 몸뚱이가 '나'라면 나는 자살하고 말겠어요. 뭐하려고 괴롭게, 더욱 지금 머리가 하얘서 여러분하고 같이 얘기하고, 이거 귀찮지 않아요?

죽는다는 건 무엇인가?
보통사람들은 '죽으면 모른다' 이렇게 생각합니다.
정말이지 모를 수만 있다면 참 좋겠어요. 나는 아는 걸 택하지 않겠어요. 차라리 모르는 걸 택하겠어요. 천지가 뭉개지든지, 내가 죽든지 살든지 내가 알 필요 뭐 있어요? 내 하나 마음 편하면 그만이지요. 편하다고 할 것도 없이 모른다 말이죠.

이 몸뚱이는 원래 하늘과 땅이 생기기 전부터의 소식을 가지고 있습니다.
소식을 가지고 있기 때문에 어머니의 배를 인연 삼아서 우리 몸뚱이 나온 것 아니에요? 이 자리는 죽는 법이 없습니다.
왜 그런가요? 아무 것도 없는데 무엇이 죽는단 말인가요? 가만히 생각해 보세요.

"죽는 것 있겠나?"
"없습니다."

죽는 것이 없습니다. 빛깔도 소리도 냄새도 없기 때문에 그렇습니다.
"없습니다" 답하는 그 자리, 그 자리는 빛깔도 소리도 냄새도 없기 때문에 죽으려고 해도 죽을 것이 없습니다. 또한 있으려야 있을 것도 없어요.

도둑이 몇 천 명 와서 가져가려고 해도 그건 못 가져갑니다. 우리는 절대의 자리를 간수하고 있어요. 단지 모르고 있을 뿐입니다. 모르기 때문에 몸뚱이만 붙잡고, "아이고 내다, 아이고 내가 나이가 많다. 얼마 안가면 내가 죽는다"라고들 합니다. 그거야 그렇다고 할 수 있어요. 몸뚱이는 모습이니까 시작이 있고, 시작이 있으니 끝이 있고, 또 그래야 됩니다. 그러지 않으면 큰일 납니다. 정말로 큰일 나요.

시작이 없는 그 자리, 하늘과 땅이 생기기 전의 앞 소식, 이 자리는 절대의 자리입니다. 이 절대의 자리가 허공의 주인공이에요. 말이 좀 어려울는지 모르겠지만, 다시 말하자면 내가 여러분을 보고 허공의 주인공이라고 하는 것은, 여러분의 마음자리, 여러분의 절대성 자리, 그 자리를 허공의 주인공이라고 하는 겁니다. 그건 하늘과 땅이 생기기 전부터 있는 것이거든요.

「절대성 상대성」 책을 보고 목사 한 분이 나를 찾아 온 적이 있어요. 아마 따지러 왔던 모양이라. "바로 이 자리가 하느님입니다." 이렇게 말했어요.

하지만 그 자리에는 하느님이란 것도 없어요. 부처란 것도 없어요. 없기 때문에 하느님이다 부처다 하는 건 제 이의 소식입니다. 첫째의 소식이 아니고 제 이의 소식이에요.

가만히 생각해 보세요. 이 얘기를 듣는 그 자리가 바로 허공의 주인공입니다. 누리의 주인공이에요. 잘나면 잘난 대로 못나면 못난 대로(잘났다 못났다 하는 것은 벌써 제 이의 소식, 몸뚱이를 가리켜서 하는 말이에요), 몸뚱이밖에 걷어잡을 것이 없으니까 그런 말을 하는 건데, 사실 몸뚱이는 여러분이 아닙니다.

여러분은 이 누리의 주인공, 허공의 주인공입니다. 대한민국의 주인공일 뿐만 아니라, 허공의 주인공이고, 욕계 색계 무색계의 주인공입니다. 말이 너무 크기 때문에 크다 하는 이 말에 휘둘릴는지 모르겠습니다만, 그러나 저러나 사실인데야 어떻게 하겠습니까?

남자 몸을 받든 여자 몸을 받든, 잘 생겼든 못 생겼든, 우리 누구나 누리의 주인공이란 사실은 어쩔 수가 없어요. 나중에 그 몸 없애버리게 될 텐데, 없앨 때도 착착 정리할 줄 알아야 합니다. 하지만 정리한다고 해서 그 자리는 없어지는 것이 아닙니다. 없어지려해도 없어질 것이없거든요. 왜 그러는가? 그 자리는 빛깔도 소리도 냄새도 없어요. 죽으려야 죽을 것이 없습니다. 헛것인 이 몸, 변하는 몸뚱이는 있어요. 비유하면 저 바다의 파도와 마찬가지입니다.

"파도, 물결은 어디에서 나왔습니까?"
"물에서 나왔습니다."

결국 물에서 생기는 거지요. 바람의 인연 관계로 돌에 부딪혀서 파도가 생겨납니다. 그러다가 나중에는 다시 물로 돌아가지 않는가요? 이건 비유로 한 말입니다.
여기서 물은 빛깔도 소리도 냄새도 없는 자리를 비유한 거예요. 우리가 이걸 알면 인생살이에 자신이 생깁니다. 죽을 때도 자신이 생겨요.
우리가 죽을 때가 돼서 자식들이 있으면,

"나 갈란다. 장구 있나?"
"장구 없습니다."
"김 서방 집에 가서 장구 빌려 오너라. 장구 쳐라, 술 한 잔 가져오너라."

술 한 잔 먹고 그렇게 갈 수도 있는 겁니다. 뭐 꼭 그러란 건 아닙니다만. 그런데 몸뚱이를 나라고 착각하고 그런 생각에 철석같이 들어앉아 있으니, "아이고 나는 간다" 이러는 거예요. 가긴 어딜 갑니까?

두말 할 것도 없이 여러분은 죽으려야 죽을 것이 없어요. 지금 그 자리, 여러분의 지혜 자리, 눈을 가지고서 보는 그 자리, 귀를 가지고 듣는 그 자리, 혀를 통해 맛보는 그 자리, 주인이란 건 그것밖에 없거든요. 다른 것 뭐 있습니까? 이것이 있음으로서 모든 법을 작용하는 거예요.

마음을 찾으려면 허공을 걷어잡아라

여러분들이 죽으려고 소원 세워 보세요. 천년만년 소원 세워보세요, 죽을 수 있는가. 어떻게 해서든지 참으로 죽을 수 있다면 굉장한 인물입니다. 석가세존보다 낫습니다. 석가세존 죽지 못해요, 죽을 수가 없습니다.

여러분들이 허공의 주인공입니다. 허공의 주인공!
왜 주인공이라고 할까요? 허공은 지혜(智慧)가 없거든요.
이건 내 말입니다. 정말로 지혜가 있는지 없는지 난 모르겠어요.
허공은 지혜가 없는데, 여러분은 지혜가 있습니다.
지혜가 있으니 여러분이 허공의 주인공 아니에요? 허공의 주인공으로서 여러분이 딱 굳히어지면 그땐 문제가 달라집니다. 그런다고 해서 가정 살림이 파괴되는 것도 아니고, 그럴수록 가정은 더 좋아져요. 인생살이가 다 좋아지는 거예요.
그러니 여러분이 가장 먼저 알아야 될 것은,

'나는 허공의 주인공이다. 몸은 나의 관리물이다. 소유물이 아니다.'

여러분은 허공의 주인공, 삼계의 주인공입니다. 여러분이 주인공이에요.

그런데 부처님이 계시지 않습니까?
부처님 있어요. 부처님이 왜 없습니까? 부처님이 있기 때문에 내가 있는 거예요. 또 내가 있기 때문에 부처님도 있는 겁니다. 내가 없는데 어떻게 부처가 있어요? 부처가 없는데 어떻게 내가 있어? 부처님은 부처님으로서의 역할이 있고, 의무가 있습니다. 나는 나로서의 역할이 있지만 허공의 주인공, 삼계의 주인공으로서는 조금도 변하는 것이 없습니다.

어쨌든지 이 육신은 나의 관리물이지 소유물이 아니라는 걸 뒷받침하는 것이,

'눈이 보는 것 아니고, 귀가 듣는 것 아니고, 혓바닥이 맛보는 것 아니다'

왜 눈이 보는 것이 아닌가요?
눈에는 지혜가 없습니다. 그러니 비치긴 비쳐도 볼 줄 몰라요.
보는 놈은 따로 있거든요. 눈에 비친 걸 보는 놈이 따로 있어요.
이제 이렇게 알아가야 됩니다.
귀가 듣는 것 아닙니다. 귀에는 지혜가 없거든요.
듣기는 듣는 기관일지언정 듣는 놈은 따로 있어요. 혓바닥도 마찬가집니다.
그러면 보고 듣는 이놈은 무엇일까요?

이걸 마음이라고도 하고 뭐라고도 합니다.

그러면 다시 마음이 뭔가요? 무엇이 마음이냐 말입니다. 사실로 마음 아는 사람 좀 드뭅니다.

마음자리에 대해서는 숱한 명자(名字)가 있습니다.

나는 절대성이라고도 하고, 또 선문답이나 화두를 보면 이름이 많이 있어요. 어쨌든지 내가 마음을 씁니다. 내가 마음을 쓰긴 쓰는데 모른다 그 말이에요.

그렇다면 어떻게 하면 이 마음을 알 수 있을까? 이겁니다.

허공에 대해서는 아까 말했죠?

허공, 빛깔도 소리도 냄새도 없습니다.

마음, 빛깔도 소리도 냄새도 없어요.

그런데 마음 이것이 없는 것이 아닙니다. 내가 마음을 쓰거든요.

허공이 없는 것 같지만 허공중에서 산하대지가 다 나옵니다.

그럼 허공 없는 건가요? 가만히 생각해 보세요.

우리가 또 지혜 없는 눈을 가지고 보고, 지혜 없는 귀를 가지고 듣는다는 것은, 뭐가 있으니까 보고 듣는 것 아니겠어요?

그런데 세상 사람들이 눈으로 보고 "내가 확실히 봤다"고 말할 때는 틀림없이 본 겁니다. "내가 확실히 들었다"고 하면, 틀림없이 들은 거예요.

그렇지만 사실 듣는 그 자리, 빛깔도 소리도 냄새도 없는 이 자리가 곧 마음이라 하겠는데, 이 마음을 찾으려면 어떻게 하겠느냐 하는 이것이 문제입니다.

허공을 걷어잡아야 됩니다!
마음을 찾으려면 허공을 걷어잡아야 됩니다!

허공을 걷어잡지 않고 마음을 알았다면 그건 만년 거짓말입니다.
석가세존이 그랬다고 우기시더라도 그건 거짓말입니다.
허공 걷어잡아야 됩니다! 허공 걷어잡기 전에는 마음을 모릅니다.
그러면 내가 허공을 알아야겠다면 어떻게 해야 할까요?
마음을 걷어잡아야 됩니다.
왜 그런가요? 그건 허공이나 마음이나 한 가지라서 그렇습니다.
매한가지예요. 아까 크고 작은 걸 말했지만 공부하는 법이 이렇습니다.

절대성과 상대성은 하나

절대성(絕對性) 자리가 있습니다.
마음이다 뭣이라고 하면 복잡하니까 절대성 자리라고 합니다.
그러면 그 다음에 나투는 건 전부 상대성(相對性)이에요.
태양도 상대성, 지구도 상대성, 어느 것 상대성 아닌 것이 없어요.
모든 것, 이름 붙은 건 상대성이에요.
그러면 상대성이 어디서 왔느냐?
절대성에서 온 것이거든요. 삼라만상이 여기서 이루어지는 거예요.

이 절대성 자리는 우리가 가지고 있는 그 마음을 말하는 겁니다.
딴 마음을 말하는 것이 아니에요. 여러분들이 우주를 싸고 있든지, 조그마한 바늘귀 속에 앉아 있든지 그건 별문제입니다. 자유자재예요.
그러면 부처님의 마음도 여러분의 마음이나 한 가지입니다.
또 이 허공 전체가 우리의 마음하고 꼭 한가지입니다.
하지만 허공은 지혜가 없어요. 우리 마음은 지혜가 있습니다. 아시겠지요?
이렇게 할까, 저렇게 할까 생각을 굴려 정하기도 하고, 화가 나는 일이 있으면 한 주먹 갈기기도 하는 이런 지혜가 있거든요. 그렇기 때문에 우리가 누리의 주인공입니다. '나는 누리의 주인공이 아니다' 이렇게 생각할 사람도 있겠지만,

'나는 누리의 주인공이 아니다'라고 하는 그 놈이 바로 누리의 주인공이에요.

지구니 태양이니 나무니 돌이니 사람이니 할 것 없이 전부 상대성에 속합니다. 이것들이 따로 노는 것 같지만 실은 절대성의 작용이에요. 절대성에서 작용하는 겁니다. 그렇게 안다면 인간이 어떤 존재인가를 알 수가 있지 않습니까?
잘나고 못나고 간에, 못나면 못난 대로 누리의 주인공이고, 잘나면 잘난 대로 누리의 주인공입니다.

그러나 이런 거 다 포기해 버리고, '나는 못나서 이 모양이야' 하고 생각하는 사람들도 있습니다. 물론 잘 살고 못 사는 건 있어요. 그건 복덕(福德)관계이고 인연(因緣)관계예요. 잘 사는 일을 하면 벌써 그 자리, 입처(立處)가 잘 살게 됩니다. 전생에 내가 행동을 잘못했어요. 그러면 이 세상에 태어날 때부터 좋은 자리에 태어나지 못하고 나쁜 자리에 태어나게 마련입니다. 그래서 고생도 하게 되고 이런 건데, 이 자리만 알아버리면 그런 문제는 저절로 해결 돼요.

'잘 산다 못 산다' 이것이 인연관계라는 생각에 자신이 딱 서면, 아무리 못 살아도 그 사람에게는 이 세상이 바로 천당입니다. 세상살이가 참 좋아요, 재미가 납니다. '아, 내가 빚이 많구나. 내가 빚 갚아야 되겠다.' 이렇게 생각하게 되고, 그러면 누가 뺨 한 대때려도 곱게 맞아요. 웃으면서 맞게 됩니다. 이런 도리가 있는 겁니다. 절대성 자리를 생각하면 그렇게 됩니다.

어쨌거나 사람은 다 공평합니다. 절대로 공평한 거예요. 그건 틀림없어요. 절대로 공평하지만 작용하는데 있어서, 그 씀씀이에 있어서 이렇게 하면 이렇게 되고, 저렇게 하면 또 저렇게 되는 걸 몰랐을 뿐입니다. 몰랐다기보다 절대성 자리를 몰랐다 이 말입니다. 실은 상대성(相對性)이 절대성(絕對性)에서 나왔으니 본 고향은 하나 아닌가요? 바탕은 하나 아니에요? 바탕에서는 하나이지만 자기의 분수에 따라서 잘 살게도 되고 못살게 되기도 하는 겁니다. 이 도리를 알아버리면 전쟁할 것 없습니다. 전쟁할 이유가 전혀 없어요. 이걸 모르기 때문에 전쟁하는 겁니다.

여러분이 몰라서 그렇지, 사실은 세상사람 누구나 다 같은 데서 나온 겁니다. 말하자면 형제간이나 마찬가지에요. 그런 줄만 알면 엔간히 실수가 있다 하더라도 싸움이 안 될 겁니다. 그런데 요새 국제적으로 일어나는 싸움을 보면 살인을 막 하거든요. 종교간 갈등으로 사람들 많이 죽잖아요? 무슨 놈의 종교가 그런 종교가 있느냐 말이에요. 내가 있고 네가 있고, 나는 옳고 너는 그르고 하면서 말이죠. 서로 싸울 때는 싸워도 좋아요. 그렇지만 싸울 땐 싸워도 그런 줄 알고 싸워야 됩니다. 그런 줄 알면 싸움이 싸움 안 되는 거예요.

절대성에서 상대성이 나와서 상대성 놀이 하는 것, 이것이 바로 절대성 놀이이고, 절대성의 작용인데 모습이 같은 것이 하나도 없습니다. 그렇기 때문에 낙동강 모래알을 다 모아도 같은 것이 없어요. 욕계 색계 무색계의 모래알을 다 모아도 같은 것 없습니다. 억겁이 지나가도, 그 이전에도 같은 것이 없어요. 이거 생각하면 놀라운 일입니다. 기가 막히지 않습니까? 정말 기가 막혀요.

왜 모래알도 그렇고, 다른 것도 그렇고, 같은 것이 있을 수 없을까요?
가만히 한번 생각해 보세요. 이건 여러분들이 나에게 질문해야 해요. 뭣을 바탕으로 해서 그렇게 수억 천만의 모습이 같은 것이 없다고 하겠습니까?
끝이 없거든요. 여러분의 성품이나 꼭 마찬가지예요.
우리의 성품, 이거 가도 가도 끝이 있던가요? 한정이 있던가요?
아무 생각 없다가도 이 생각하려면 이 생각하고, 저 생각하려면 저 생각하고, 웃으려면 웃기도 하고, 울려면 울기도 하고, 가도 가도 끝이 없어요. 처음 이거 생각하면 겁이 납니다. 어디 가서 턱 부딪치든지, 도대체 무슨 재미가 있어야 될 건데 가도 가도 끝 없다 이 말이에요.

우리는 여기 앉아서 머리 쪽을 위라고 합니다.
그러나 곰곰 생각해 보면 머리 쪽을 위라고 할 뿐이지, 위라는 것을 일정하게 정해 놓은 바가 없어요. 그러니까 위로 가도 가도 끝이 없어요, 아래로 가도 가도 끝이 없고 말이죠. 수십억 년 전 지구가 생긴 뒤로도 모래알이 꼭 같은 것이 없다는 이유가 여기 있는 겁니다. 이건 뭣을 뜻하는 거냐? 가도 가도 끝이 없어요. 여러분들 반은 쉽게 알아들을 겁니다. 어떤 분들은 재미없을 겁니다. 재미없는 설법을 하고 있습니다. 그러나 나의 입처에서는 재미없는 이 설법 만은 기어이 알려드려야 되겠어요. 싱겁지 않아요?

허공(虛空)이 가도 가도 끝없다.
마음속에서 한 번 생각하면 몇 천만 리, 몇 억만리라도 달려가는데, 그런 생각을 가지고 있으면서도 생각이 거기까지 미치질 않습니다. 그러니까 여러분들이 이걸 사무치게 생각한다면 겁이 날 겁니다. 겁이 나요.
사실 가만히 생각해 보세요. 한강이나 낙동강 모래알 같은 거, 한 줌이 아니라 한 말 갖다 놔도 꼭 같은 거 있겠는가 말입니다. 생각해보면 그것이 남의 일이 아니라 내 일이에요.

어째서 내 일일까요? 우리가 비슷하게 마음을 쓴다고 해도 따져 보면 꼭 같은 마음을 한번도 쓰지 못합니다. 여러분이 아이들을 사랑하는 일을 생각해 봅시다. 세상에 귀여운 것으로 치자면 딸내미가 제일 귀엽지 않을까요? 하지만 딸내미 사랑하는 것도 매일 다릅니다. 백년이면 백년 다 달라요. 천년이면 천년 다 달라요. 이렇게 사랑스럽고 저렇게 사랑스럽고, 좌우간 다 달라요. 한강 낙동강 모래알도 똑 같은 것이 없는 거와 마찬가지로, 우리가 딸내미를 사랑하는 것도 다 다릅니다. 한 번도 똑 같을 수가 없습니다.

그러나 원칙은 한가지입니다.
절대성(絕對性)에서 모습을 나투면 이런 작용이 되는 겁니다.
그러니 지구나 태양이나 모두 절대성의 작용이에요. 하나입니다. 우리의 작용, 여러분 마음씨의 작용이에요. 그리고 이 작용에는 꼭 같은 것이 없습니다. 모습을 한 번 나툰다면 벌써 크고 작은 것이 있어요. 상대가 딱 이뤄집니다. 빛깔이 달라, 장단(長短)이 달라, 크고 작은 것이 달라, 모양이 달라, 전부가 다른 거예요. 그러니까 이거 재미있는 것 아닙니까?

여러분들 천당 지옥이 어디 있습니까?
천당 지옥이 있습니다. 왜 없어요? 천당도 있고 지옥도 있고, 굉장히 무서운 데가 있습니다. 있지만 전부 우리 마음속에서 이루어지는 거예요.
그러하니 우리 한 번 되돌아서 생각해 봅시다.
여러분 마음속에서 이루어진 천당 지옥을 다른 데서 이루어진 것처럼 생각한다면, 여러분 지옥도 가야 돼요. 극락도 가야 돼요. 그런데 못 가! 다른 데서 이루어졌다고 생각하면 못 갑니다. 하지만 전부 나에게서 이루어진 거라서 갈 수밖에 없는 거예요. 내가 마음을 어떻게 먹었든지 간에, 행동을 어떻게 했든지 간에, 내가 이루어서 천당을 만들고, 내가 이루어서 지옥을 만드는 겁니다. 내가 만들기 때문에 받는 거예요. 내가 지옥을 갈 만한 지옥보(地獄報)를 내가 받습니다. 그거 받아야 됩니다. 받아서 갚아버려야 돼요. 극락보(極樂報)를 받으려면 극락보를 내가 받는 겁니다.
하지만, 우리가 극락 가더라도 한정이 다하면 다시 돌아와야 돼요. 자기 살던 데로 돌아와야 됩니다. 왜 그런가 하면, 그건 모습으로만 생각하면 그런 거예요. 지옥 가더라도 그 보(報)가 다 하면 다시 돌아오는 겁니다.

어떤 종교는 천당 가면 영원히 천당에 있게 된다고 주장합니다. 그건 모습의 생리를 모르는 까닭으로 그러는 거예요.
지옥에 가면 영원히 지옥에 있게 된다?
그렇지 않습니다. 모습이라는 건 머리와 꼬리가 있어요. 즉 시작과 끝이 있고, 스스로 변합니다. 그래서 받을 만큼 다 받아버리면 되돌아오는 거예요.
되돌아와서 다른 인생살이 시작하고, 자기 인연 알고 했든지 모르고 했든지, 다시 또 자기 인연에 따라서 지옥으로도 가고 천당으로도 가는 겁니다.
이 도리를 확실히 알아야 합니다. 이 도리를 알아버리면 문제가 달라져요.
여기는 지옥이니 극락이니 이름자마저 싹없어진 자립니다.

왜 그러까요? 지옥성(地獄性)도 공(空)했고 천당성(天堂性)도 공했기 때문입니다.

지옥의 성품, 이거 공한 거예요. 천당의 성품, 이거 공한 겁니다. 남자의 성품, 이거 공한 거예요. 여자의 성품, 이거 공한 겁니다. 그러나 처음에는 공한 줄 모르고 '나는 나다, 너는 너다' 이래서 숱한 알력이 벌어집니다. 그러나 공부해서 좋은데 가려하면 좋은 데 가고, 나쁜 데 가려하면 나쁜 데 가는데, 공한 이 도리를 알면 남자 여자 구별이 없어요. 영원한 겁니다.

우리는 무턱대고 불교를 믿습니다. 염불도 하고 예불도 하고, 그건 좋긴 좋은데 알고 해야 돼요. 공성(空性)인 줄 알고 해야 됩니다. 이거 좀 어렵다고 칩시다. 이해하기 조금 곤란하긴 곤란한데, 아까 우리가 말한 대로 가만히 생각하면 그렇게 될 수 없는 것이거든. 다른 도리는 없어요.

그러하기 때문에 우리는 누리의 주인공이라는 확고한 신념이 딱 생기는 겁니다. 나는 누리의 주인공이라!

그러나 이 모습을 나라고 할 때는 어떻게 될까요?

태어나도 내가 태어나고 죽어도 내가 죽는 거라고 했습니다. 하지만 이건 합당치 않은 말이에요. 여러분들이 알아듣기 쉽도록 '살아도 내가 살고 죽어도 내가 죽는다'고 말을 빌려 써보는 겁니다. 사실은 내가 없어요.

어쨌거나 여러분이 누리의 주인공이란 사실은 어느 모로 뜯어보든 틀림없습니다.

이것만 알면 성품 아는 겁니다. 사람의 성품뿐만 아니라, 누리의 성품도 아는 겁니다. 물론 앞으로 다른 작용을 해요. 누리 전체를 바탕으로 한 작용을 합니다. 이 문제에 대해서는 여러분들이 차차차차 지혜가 생기게 됩니다. 허나 우리 지구에 사는 사람으로서 이 문제 해결한다면 그대로 완전히 성도(成道)한 겁니다.

도(道)를 이룬다는 말이 있습니다.
그런데 대체 무슨 도를 이룬다는 말인가요?
세상 사람들은 가만히 앉아서 무슨 밥이 오도록 하고, 돈이 오도록 하는 신통 같은 게 있다고 생각하는 모양입니다만, 턱도 없는 소리입니다. 설사 그런다고 한들 어린애들 장난에 불과해요.
이치를 알아야 합니다. 이치를 알아버리면 문제가 어찌 될까요?
여러분이 설사 인간의 몸을 되받는다 할지라도 잘 썼다가, 이걸 버릴 때는 일부러 버리고 내 갈 데로 가는 겁니다. 이렇게 가는 것은 죽음이라 할 수가 없어요.

몸뚱이는 지금 '나다' 하고 손 딱 떼는 순간 변하는 거예요. 한 순간에도 숱한 적혈구 백혈구 세포가 변해버려요. 어느 걸 나라고 할 수 있을까요? 그러나 세상 사람들은 몸뚱이를 나라고 하거든요. 그러나 여러분은 이 몸을 나라고 할 때는 알고 하는 거니까,

재미로 하는 거니까 상관없어요. 걷어잡을 수 없는 이 육신을 기어이 고집할 필요는 없는 겁니다.

물론 우리가 이 세상에 몸을 받았어요.
남자는 남자대로 여자는 여자대로 자기 의무를 그대로 다 하다가 우리가 가야 합니다. 이런 도리를 알고 우리가 작용을 합니다. 우리가 사는 것이 작용이거든요. 결혼하는 것 작용 아닌가요? 인간 작용 아닌가요? 늙는 것 작용 아닌가요? 아프면 약 먹는 것 작용 아닌가요? 다 작용이라 하더라도 이 도리 모르면 그건 정말 곤란합니다. 그렇기 때문에 절대성의 작용인 상대성은 절대성에서 나왔다. 절대성이 없으면 상대성이 이루어지질 않아요.

그러하기 때문에 이걸 가만히 보면 나중에는 절대성(絶對性)과 상대성(相對性)을 하나로 봐야 합니다.
하나로 볼 수도 있어요. 이제 여러분이 이걸 아셔야 합니다. 상대성은 무수한 상대성입니다. 그걸 알아야 해요. 그러면 천하의 강의 모래알을 모아도 꼭 같은 놈이 없다는 것을 압니다. 모래알만 그런 것이 아니고 내 마음도 그렇다는 걸 여러분이 압니다. 그러기 때문에 여러분의 마음은 쓰고 써도 다함이 없어요. 이 세상에서 좋다 나쁘다 하면서 그렇게 쓰다가 나중에 몸뚱이 버려버린다 말이에요. 그 다음에 다른 몸 나투면 또 그걸 씁니다.

나는 '허공으로서의 나'다

허공이 끝없으니 우리의 마음도 끝이 없는 거예요.
이걸 잘 생각해 보세요.
그렇다면 우리가 허공하고 다를 것이 뭔가요?
그렇기 때문에 내가 그런 말을 했습니다.

"허공으로서인 나다, 이거 잊어버리지 말자."

여러분은 허공으로서인 여러분이에요. 만약 이 자리에서 허공으로서인 여러분이다 하는 이 말에 불복하다면 나가세요. 나 그런 사람들하고 말도 하고 싶지 않아요.
자, 컵에 물이 담겼어요. 이거 허공성입니다. 저 나무도 허공성입니다. 우리 몸뚱이도 허공성이에요. 내가 이렇게 말하는 것 역시 허공성이에요. 어느 하나 허공성 아닌 것이 있나요? 그렇기 때문에 '허공으로서인 나다' 이렇게 말해도 조금도 상관이 없다 그 말입니다.

허공이 바로 우리 종주가(宗主家)에요.
사실은 허공이 종주가인지 내가 종주가인지 모르죠.
이건 우리하고 허공하고 둘이 아니기 때문에 하는 말이에요.
허공하고 우리하고 어떻게 둘인가요?

우리의 마음하고 허공하고 어떻게 둘일 수 있느냐 말입니다.
갈라놓을 수 없어요. 만약 갈라놓을 수 있다면 문제가 더 큽니다.
하니까 어쨌든 우리가 양보해서, 당분간 권도[1](權道)로서 '허공으로서인 나다' 그렇게 생각을 해야 됩니다. 그렇게 생각해 봤자 손해될 것 없잖아요? 돈이 드나요, 뭣이 드나요?

"허공으로서인 나다, 허공으로서인 나다. 글을 쓰다가도 허공으로서인 나다. 이 설법 들으면서도 허공으로서인 나다. 허공으로서인 김백봉이 설법을 한다."

이렇게 여러분이 해 나가면 나중에 가서는 삼천대천세계 다 마셔버립니다.
삼천대천세계, 여러분을 떠나서 어디 있나요? 어디 있어?
삼천대천세계도 그렇고 부처님은 또 어디 있나요?
부처님은 여러분이 있기 때문에 부처님이 있어요. 다시 말하면 부처님이 있기 때문에 우리도 있어요. 부처님이나 우리나 한가지여.

그러하니 나는 부처 안 되기로 했어요. 여러분 부처되려고 애쓰

---

[1] 목적 달성을 위해 그때그때의 형편에 따라 임기응변으로, 혹은 임시 방편으로 일을 처리하는 방식. 방편과 비슷한 의미로 쓰이며, 정도(正道)의 대(對)가 되는 말. 백봉 선생님은 권도와 대가 되는 말로 실도(實道)란 단어를 쓰시기도 한다.

죠? 애쓰는 거 보니 내가 민망해 죽겠어요. 그럼 부처가 안 되면 뭔가요? 중생 될래요? 중생도 안 돼요. 그럼 뭣이죠? 가만히 생각해 보세요. 부처가 안 된다, 그건 알아들었다 말이죠. 그 다음에 그럼 중생 될 건가? 중생도 안 된다 이랬거든요. 그럼 뭔가요? 중생도 안 된다 부처도 안 된다, 뭐죠?

좌우간 여러분은 부처되려면 부처 되세요. 부처되기 싫으면 나중에 내게 와서 "부처되기 싫다" 이렇게 말하세요. 나는 부처 안 될 테니까. 그대로 나는 중생도 안 된다는 걸 단언했습니다.

알건 모르건, 사람이란 위대한 존재인 것만은 틀림없습니다. 사실을 알고 보면 누리의 주인공이거든요. 누리의 주인공이 안 될 수 없는 것이, 여러분의 주인공은 빛깔도 소리도 냄새도 없는 그 자리이기 때문입니다.

하 선생이 가져온 '생불생 사불사(生不生 死不死)', 즉 '나도 난 것이 아니고 죽어도 죽은 것이 아니다' 이건 무슨 말인가? 예를 들어 말하자면 파도가 쳐서 일어나는 걸 생이라 하고, 그 파도가 내려앉아 물로 다시 돌아가면 죽음이라 합니다. 그러면 그 파도가 죽는가요? 정말로 파도가 생겨나긴 난 건가요? 이와 마찬가집니다.

이 도리를 확실히 알아버리면 공부가 저절로 됩니다. 부처님 오신 지가 이천년이 넘었고, 그 안에 문화가 많이 발달이 됐기 때문에 지금 이 얘기합니다만, 이 얘기 이렇게 하더라도 조금도 틀릴 것이 없습니다.

금강경에 이런 말이 있습니다.
'범소유상 개시허망(凡所有相 皆是虛妄)'이라.
무릇 있는 바의 모습은 다 허망한 거란 말입니다. 산하대지 지구도 모습이고, 사람 몸뚱이도 모습, 어느 것 모습 아닌 것이 없거든요. 이런 모습은 다 허망한 거다 이 말입니다. 그렇기 때문에,
'약견제상 비상(若見諸相 非相)'하면,
즉 모든 모습을 상 아닌 걸로 보면, 모습 아닌 걸로 보면.
'즉견여래(卽見如來)'라.
곧 여래를 본다 이랬거든요.

이거 천기누설(天機漏洩)을 해도 이만 저만한 거 아니에요. 더욱 더 부처님의 위치에서.

그런데 세상 사람들은 이 글을 그저 눈으로 보고 넘겨버려. 귀로 들어서 그대로 넘겨버려요. 이거 중요한 말이거든요. 부처님쯤 되는 분이 그런 말을 하셨다 말이죠. 그러하니 천기누설한 것이 맞습니다. 물론 팔만대장경이란 건 다 방편이지만(좀 어렵기 때문에 방편을 써서 이렇게 굴리고 저렇게 굴리고 했지만), 방편 중에도 천기누설한 것이 참 많습니다.

부처님이 이 세상에 오신지도 이천년 이상 되는데, 우리가 공부하는 방편도 달라져야 합니다. 그렇기 때문에 '눈이 보는 것 아니다, 귀가 듣는 것 아니다, 혀가 맛보는 것 아니다' 이것을 말하는 것입니다. 눈이나 귀에는 자체의 지혜가 없어요. 지혜가 없기 때문에, 이 사람 죽어버리면 이 사람 눈 빼서 저 사람 눈에 갖다 넣을 수 있는 겁니다. 우리 몸의 기관이 다 그렇습니다. 이걸 여러분들이 확실히 알아버렸다면, 진짜로 보고 듣고 말하는 이놈이 있다는 이것쯤 알기가 문제 아닙니다. 이놈은 틀림없이 있어요. 틀림없어요.

그러면 이것은 무엇과 같을까요?

허공, 있는 겁니까? 없는 겁니까?
여러분 가만히 생각해 보세요.
허공 있는 겁니까? 아닙니다.
그럼 없는 겁니까? 아닙니다.
있는 것도 아니고 없는 것도 아닙니다. 묘한 겁니다.

여러분들 이 자리에서 한 번 크게 반성하세요.
여러분의 마음, 있는 것도 아니고 없는 것도 아닙니다.
다만 있고 없는 걸 내가 쓰긴 써요. 있는 대로 쓰고, 또 없는 대로 씁니다.
쓰긴 쓸지언정 있고 없음을 뛰어넘은 자립니다.

여러분의 마음을(이걸 마음이라 합시다) 절대성이라 해도 좋고, 마음이라 해도 좋지만 허공이나 한가지입니다.

허공이 있는 것 아닙니다.

왜 그런가요? 찾으려도 찾을 수가 있어야 말이죠.

우리가 허공 속에 있으면서 이런 말 하는 것은 참 우습습니다.

허공이 없다면 내가 서서 이 말도 못하고 여러분 여기 앉아 있지도 못합니다. 그런데 우리는 이런 일에 영 무관심합니다.

없는 게 아니라면 있는 것인가? 있는 것도 아닙니다.

허공은 있고 없는 것을 뛰어넘었다 하는 말을 여기서 쓰는 겁니다.

가만히 생각해 보세요.

있다 없다 뛰어넘은 자리입니다.

여기가 우리의 본 고향이에요.

몸뚱이는 어머니가 낳아준 겁니다. 인연에 따라 파도가 일어나듯이 몸뚱이를 나툰 것이거든요. (이건 별 문제로 하고) 이 몸뚱이 실다운 것 아닙니다.

'범소유상 개시허망(凡所有相 皆是虛妄)'이란 그 점을 말한 거예요. 그러니 여러분들 지금 몸뚱이가 있지만 전부 허망한 겁니다. 다만 이 몸뚱이를 굴리는 것이 재미가 있어요. 하지만 재미가 있을지언정 실다운 건 아니거든요.

이 도리를 알아버리면 여러분은 어떤 존재인가요?

하늘과 땅이 생기기 전부터 여러분이 있습니다.

어째서 그럴까요?

나는 난 지가 얼마 안 되는데, 금년에 오십인데, 육십인데 할 사람도 있겠지만, 허공, 언제 생겼습니까?

어떠한 과학자라도 여기에 대해 증명이 안 됩니다.

허공, 이것은 난 것도 아니고 죽은 것도 아니에요.

그러니까 언제 생겼다는 말이 성립 안 됩니다. 뭣이 있어야 이 놈 딱 걷어잡고 몇 천만년쯤 된다, 몇 억 년쯤 된다, 몇 조년쯤 된다고 할 수 있지 않겠어요? 잡히지 않습니다. 이걸 잡으려 하면 도리어 허공을 구정거려[2] 버려요.

언제 없어진다는 말이 우선 성립 안 됩니다.

없어질 것이 없으니 없어진다는 말이 성립 안 된다 그 말입니다.

모습 있는 것은, 모습으로는 언제 났으니 언제 죽는다는 것이 있습니다.

꽃이라든지 나무라든지 지구라든지 태양이라든지 뭐가 됐든 장차 한 번은 없어집니다. 없어졌다가 다른 거로 나타나죠. 모습으로서는 나고 없어짐이 있지만 우리의 본래의 소식, 이 자리는 모습이 아니기 때문에 죽으려야 죽을 것이 없어요. 산다고 말을 붙일 수도 없어요. 죽는다, 산다는 연구가 딱 끊어진 자립니다.

---

2 휘정거리다의 사투리. 자꾸 마구 저어서 흐리게 만들다.

여러분이 이걸 실지로 경험해 보는 것은,
'눈이 보는 것 아니다. 귀가 듣는 것 아니다'

내가 지금 말하지만 입이 말합니까? 입은 말하는 지혜가 없어요. 이렇게 말하면 여러분들 알아들을 겁니다. 이걸 내가 빌려 쓰고 있는 거예요. 빛깔도 소리도 냄새도 없는 이 자리가 이 입술을 빌려 쓰고 있어요.
그럼 뭔가요? 입술 자체에는 지혜가 없습니다. 이빨에도 지혜가 없습니다. 혓바닥에도 지혜가 없어요. 우리 몸의 모든 기관이 다 자체 지혜가 없습니다. 이렇게 생각해나가다 보면, "아, 그렇구나!" 하는 실감이 오게 됩니다.

옛날에는 견성하기 전에는 이런 사실을 납득하기 참 어려웠습니다. 그러나 요새는 의학이 굉장히 발달되고, 지식이 굉장히 진보됐기 때문에 다릅니다. 내가 말을 하더라도 입이 말하는 것은 아니라고 하면 납득을 합니다. 이 도리를 모르고 "입이 말하는 것이 아니다"라고 하면 여러분 곧이 안 들려집니다. 뻔히 입이 아물아물하면서 말하는데 "말 안 한다"고 하니 그 참 기막힌 거 아니에요? 그러나 여러분들은 알아요. 몸뚱이에는 자체의 지혜가 없다. 이빨에도 없고 입술에도 없고 혓바닥에도 없으니 이것들은 심부름꾼입니다. 심부름꾼이에요.
그러나 이 기관, 심부름꾼을 빌려서 말하는 자리는, 내가 이렇게 지금 말하는 자리는 지혜 자리입니다. 지혜 자리!

사람은 모두 마찬가집니다. 여러분도 그렇습니다. 그 지혜가 크냐? 작으냐? 이것이 문제일 뿐이지요. 여러분들 역시 입을 통해서 말을 하고 코를 통해서 숨을 쉬지만, 입이나 코 자체가 말하고 숨쉬는 건 아니거든요. 입이나 코는 지혜가 없기 때문에 그렇습니다.

이걸 모르고 우리가 어떻게 불교를 믿겠습니까?

불교뿐 아니라 이걸 모르고 어떻게 종교를 믿겠습니까?

종교란 사람으로서 죽기 싫어서, '영원히 살아야 되겠다' 하는 마음에서부터 나오는 것 아니겠습니까? 죽기 싫기 때문에.

그런데 종교를 믿는 대개의 사람들은 이 몸뚱이가 믿는 거예요. 만약 몸뚱이가 영원히 산다고 하면 그건 사도(邪道)입니다. 모습인 몸뚱이는 끊임없이 변해야 되거든요.

그 많은 낙동강의 모래알, 한강의 모래알에 하나도 꼭 같은 것이 없다는 것이 다른 말 아닙니다. 이렇게 변해서 하나도 꼭 같은 모습이 없는 데에 그 재미가 있는 겁니다. 이 도리를 모르면 시가 나오고 무슨 말을 해도 '몸뚱이가 나다'라는 생각이 바탕이 돼서 말이 나옵니다. 그러니까 그 말이 전부 죽은 말들입니다. 시를 써도 이 도리를 모르면 제대로 된 시가 나올 수 없습니다. 물론 정치도 그렇습니다. 이 도리를 모르면 정치도 제대로 될 리가 없습니다.

사람은 전부 '개시허망(皆是虛妄)'한 거다. 다 허망한 것이니 그래

서 '빛깔도 소리도 냄새도 없는 이 자리가 진짜다.'
이런 도리를 알면 정치도 올바르게 되는 겁니다.

보살은 지혜를 국토로 삼는다

여러분들은 부처님을 볼 때 어떻게 봅니까?
두말할 것 없어요. 삼십이상(三十二相)으로 봅니다.
똑똑한 사람도 그렇고 어리석은 사람도 그래요. 부처님은 눈이 어떻고 코가 어떻고 하는 식으로, 서른두 가지 좋은 몸의 생김새를 갖추셨다고 합니다. 삼십이상은 삼십이 청정행(淸淨行)에서 모습을 나툰 겁니다. 그래서 보통 삼십이상으로만 봐요. 실은 여러분이 잘못 본 것도 아닙니다. 사람들은 부처님을 대개 삼십이상으로만 봐요.

하늘 사람들은 부처님을 어떻게 보는가?
하늘 사람들은 팔십종호(八十種好)로 봅니다. 거 묘합니다. 전부 자기 마음 씀씀이에 딱 들어앉아서 봐요. 다른 사람들은 희다고 보고 나는 검다고 봐요. 그 자체는 흰 것도 아니고 검은 것도 아닌데, 나는 검은 걸로 보고 옆에 사람은 희게만 봐요. 전부 자기 본위로 생각합니다. 그래서 하늘 사람들은 팔십종호로 보는데, 지구 사람들은 삼십이상밖에 볼 줄 몰라요.

성문(聲聞)[3]들은 어떻게 보느냐? 성문 중에서 제일 똑똑한 사람을

---

3 원래는 석가모니 부처님 재세시의 제자들을 칭하는 말

봐요. 그 다음에는 연각(緣覺)[4], 신선(神仙)들도 이렇게 봐요. 다른 것으로 보지 않습니다. 삼십이상이나 팔십종호로도 보지 않아요. 그 중에서 가장 위의(威儀)가 있는 사람을 부처로 보는 겁니다.

그럼 권도 보살은 어떻게 보느냐? 완전한 일승보살(一乘菩薩)이 권도(權道)고, 권도와 정도(正道)는 그 놈이 그 놈입니다. 그러나 한편으로 권도는 권도고 정도는 정도예요. 아직 일승보살이 되지 않은 사람들은 부처를 어떻게 보느냐? 삼천대천세계의 주인공으로 복덕과 지혜가 꽉 찬 분, 이걸 부처로 봅니다.

중생, 범부들이 사는 땅은 환토(幻土)(지구 같은 것은 환토예요)입니다. 전부 중생심에서 나온 꼭두각시 땅이에요. 그래서 동으로 쫓아다니고 서로 쫓아다니면서 신기루만 짓습니다. 헛것만 짓지요.

보살들은 어떻게 할까요? 보살들은 지혜(智慧)를 국토로 삼습니다. 지혜가 어찌해서 국토인가 하고 이해가 가지 않는 사람들도 있겠지만, 그건 만날 몸뚱이에만 들어앉아서 그런 거예요. 우리의 진짜 법신이 빛깔이 있고 소리가 있고 냄새가 있는가요? 법신은 지혜를 국토로 삼을 수밖에 더 있습니까? 다른 것을 국토로 삼으려 해도 어떻게 삼습니까? 빛깔도 소리도 냄새도 없는데 뭣을 국

---

4 벽지불(辟支佛), 독각(獨覺)이라고도 한다. 부처님의 가르침에 의하지 않고 홀로 깨달아 자유의 경지에 도달한 성자.

토로 삼을 거냔 말이에요. 지혜밖에는 삼을 것 없지 않은가요? 이거 굉장히 어려워서 엔간히 슬기가 좋지 않은 사람들은 이해하기 어렵습니다. 그런 사람에겐 이런 얘기가 전혀 소용이 없어요. 오히려 이런 설법 안 듣는 것이 낫습니다. 그러나 살고 죽는 문제를 진정으로 해결하려고 하는 사람들은 여기서 작정하고 달려들어야 합니다.

우리는 국토하면, 땅 이것부터 생각합니다. 육신은 땅이 있어야 합니다. 무정물(無情物)인 육신은 땅이 필요해요. 하지만 우리의 법신이 무슨 땅이 필요할까요? 그러기 때문에 보살들, 도인들은 슬기로 국토를 삼는 겁니다.
이거 좀 어렵습니다. 어렵지만 말하지 않을 도리도 없어요.

대승 보살들, 권도 보살들은 삼천대천세계의 주인, 주인공을 부처로 삼습니다. 이것이 '당장의 마음이라 하늘땅의 임자인 걸' 하는 이 말이에요. 이걸 여러분에게 주입시키려고 써놓은 겁니다.
그러면 일승보살은 무엇으로서 부처를 삼을까요?
시방미진수(十方微塵數)의 장엄불토에서 설법하는 법주(法主)를 부처로 삼아요. 시방미진수 불토의 법주, 화장세계(華藏世界)[5]의 법

---

5 연화장세계(蓮華藏世界)의 준 이름. 석가모니불의 진신(眞身)인 비로자나불의 정토. 가장 밑에 풍륜(風輪), 풍륜 위에 향수해(香水海)가 있고, 향수해 가운데 대연화가 있으며, 이 연화 안에 무수한 세계가 들어있다고 한다.

주, 설법을 하는 그 분, 법의 주인, 이 분을 부처로 삼습니다. 이거 참 기막힌 일입니다.

우리 사바세계에 있는 사람들은 부처님이 사바세계에 와서 얘기한 것만 가지고 있어요. 이까짓 거 몇 푼어치 안돼요. 그 말씀도 전부 권도라, 방편으로 말씀하신 것이거든요. 우리는 이걸 전부인 줄 알지만, 그런 거 아닙니다.

큰 마음, 큰 믿음, 큰 지혜, 큰 원

우리는 아침저녁으로 예불 드리면서 '누리의 주인공, 동업보살의 서원'을 하는 데, 이건 여러분의 육신(肉身)을 바탕으로 해서 하는 얘기가 아닙니다. 그러나 이렇게 생각하다가도 육신으로 돌아오고 나다 이래요. 좋아요, 돌아가도 좋아요.

참으로 불교를 어떻게 믿어야 되겠느냐? 이것이 문제입니다.
인간 세상의 사람들은 삼십이상으로 부처를 봅니다. 또 하늘 사람들은 팔십종호로 봅니다. 성문(聲聞) 연각(緣覺) 신선(神仙) 들은 그 중에서 제일 잘난 사람을 부처로 봐요. 그럼 권도 보살의 지위에 올라서 공리(空理)에 요달한 분들은 삼천대천세계의 주인공, 주인공이면서 지혜(智慧)와 복덕(福德)이 충만한 존재, 이걸 부처로 봅니다. 법 중 부처로 알지 못하거든요. 진짜 일승 도리로써 부처 지위에 가까운 분들은 화장세계에서 설법하는 그 분, 법주(法主), 법의 주인공을 부처로 봐요. 이렇게 차이가 있습니다.

왜 그럴까요? 어디에 차이가 있을까요?
삼십이상을 부처로 보는 그 마음씨나, 삼천대천세계의 주인공을 부처로 보는 그 마음씨나, 마음은 한 가지 아닌가요? 또 시방 화장세계의 법을 전하는 법주를 부처로 본다고 해도 사실은 빛깔도 소리도 없는 그 자리거든요. 여기서 모습이라는 건 그까짓 거

별 문제가 안 되는 겁니다.

일전에도 말한 바와 마찬가지로 이(理), 이것이 부처예요. 소나무도 이(理)가 있기 때문에 사(事)적인 소나무로 나타나는 겁니다. 그렇다면 바로 소나무가 부처입니다. 돌멩이도 이가 있음으로서 사적인 돌멩이를 나투었어요. 그러니 돌멩이도 부처라는 말이 있는 겁니다. 그리고 그건 사실이에요.

우리가 부처로 보는 것이 그렇게 달라요. '나는 극락세계 가야 되겠다'는 이런 조그마한, 한 치도 안 되는 이런 것을 바탕으로 불법을 믿는 사람들도 있어요. 이 사람들도 '나도 성불해야 되겠다'는 말을 하긴 하지만, 성불이 뭔지 의미도 모릅니다. 이 사람들은 삼십이상 팔십종호를 갖추는 것을 성불이라 합니다. 전부 가짜고 권도예요. 삼십이상이나 팔십종호도 전부 권도입니다. 진짜 아니에요. 실다운 것이 아니에요. 모습이기 때문에 그렇습니다.

물론 염불하면 효과가 없지는 않습니다. 인천복(人天福)을 받을 수 있어요. 염불을 많이 한다든지 해서 자기 마음을 깨끗이 하면, 마음의 새김[想]이 옮기지 않습니다. 그러나 마음이 일부 깨끗해지지만 그건 일분(一分) 밖에는 안 되는 겁니다. 모습놀이 하는 것이기 때문에, 일분밖에 안 되는 거예요. 그 일분의 공덕으로써 뒷세상에는 반드시 낙토(樂土)에 날 수 있는 겁니다. 낙토에 나지만 이거 권도지 진실한 도[實道]는 아니에요. 모습놀이에 불과하거든요.

모습놀이이니, 모습으로서 지은 이 분점(分點)⁶이 다 해버리면 인간세상으로 돌아갈 수밖에 없습니다. 그래서 다시 인간세(人間世)에 났다가 죄를 지으면 축생 몸이라도 받게 됩니다. 그러기 때문에 이것은 구경위(究竟位)⁷가 아니에요. 「아미타경」이 그렇습니다. 아미타불 극락세계를 보면 굉장하지만, 전부 권도이지 실다운 것이 아니에요. 다른 경에도 그렇습니다. 몸 받은 우리가 공부하려면 진짜를 해야돼. 같은 값이면 다홍치마 아니에요?
어떤 사람들은 '내가 공부해서 극락세계 가겠다.' 그거 권도거든요.

'나는 누리의 주인공으로서 삼천대천세계(三千大天世界)를 내 손바닥 위에 놓고 마음대로 굴려야겠다!' 이런 포부가 있어야 합니다. 그런 포부를 가지고 누리의 주인공에 대한 지식과 사고방식을 늘 놓치지 않아야 합니다. 또 법주도 좋아요. 나는 법주하고 같은 바탕을 가진 사촌간이라. 그러기 때문에 우리 보림선원에서는 우선 동업보살의 원을 세운 겁니다. 누리의 임자가 되지 않으면 동업보살이 될 수 없는 거예요.

---

6 나누는 점. 또는 갈라지는 점.
7 5위(位)의 하나. 모든 번뇌를 끊어 없애고 진리를 증득하여 최종의 불과(佛果)에 도달한 지위. 청정하고 위없고 지극한 자리.

내가 오늘 아침에 웃으면서 "이 설법을 듣고 이해 안 되면 오지 마라"고 했어요. "이해하는 사람 한 사람이라도 좋다"고 했습니다. 내 솔직한 심정이에요. 슬기롭지 못한 사람들이 이런 말 들으면 이해가 안 되니 오히려 자신을 망치게 됩니다. 그러나 저러나 이 말을 하지 않을 도리가 없으니 어쩌겠습니까?

우리가 원을 세운 것은 누리의 주인공 이 자리에요. 우리가 장차 하늘에 나겠다는 것도 아니거든요. 하늘에 나는 것도 좋긴 좋습니다. 옥황상제(玉皇上帝)든 사천왕(四天王)이든, 다 보살 지위거든요. 솔직히 말해 보살 지위 아니면 왕 노릇 할 수 없습니다. 하지만, 우리가 보살의 원을 세운 것은 누리의 주인공이 되기 위해서 원을 세운 거예요. 그러면 여러분들이 '누리의 주인공이 되겠다'고 마음 먹으면 벌써 여러분의 마음 씀씀이가 달라져야 되지 않겠어요? 안 달라지거든. 안 달라진 거 내 눈에 환히 보이거든요. 내가 말을 안 할 따름이지. 말을 안 할 따름이라.

나중에 사람 몸 받겠다 하는 것도 하나의 원(願), 그것도 마음 씀씀이에요. 또 삼십이상 팔십종호의 부처가 되겠다는 것도 마음 씀씀이에요. 삼천대천세계의 주인공이 되겠다는 것도 마음 씀씀이, 온 화장세계(華藏世界)의 법주(法主)가 되겠다는 것도 마음 씀씀이 아니에요? 같은 값이면 다홍치마라. 그러니 같은 값이라면 우리가 큰 마음 씀씀이를 써야 하지 않겠는가 그 말입니다.

물론 여기는 복도 있어야 합니다.
복도 있어야 하지만 우선 지혜가 밝아야 합니다.
그렇기 때문에 우리는 이 공부를 하려면
대심(大心)을 발동해야 합니다. 그리고,
대신(大信)을 발동해야 합니다. 과학적으로 생각해서 말이죠. 그리고,
대지(大智), 철[智]을 발동해야 됩니다.
나한테 모자라는 걸 남한테 말할 필요는 없어요. 모자라는 건 자꾸 닦아나가야 합니다. 닦아나가면 대심이 발동되고 대신이 발동되고 대지가 발동됩니다.

또 원도 세워야 됩니다.
그러면 대원(大願)이란 어떤 것인가?
동업보살의 서원, 이것이 바로 대원입니다.
원을 세워야 합니다. 원을 세우지 않고 그냥 장난 비슷하게 상식적으로 이 설법 좀 들어야겠다고 하는 사람은 애당초 안 듣는 것이 나아요. 그 시간에 다른 일 하면서 돈벌이나 조금 더 하는 것이 나아요.

분명히 말합니다!
누리의 주인공이 되려고 하는 일이 어찌 그렇게 쉽겠는가 말이에요. 그러나 우리 누구나 누리의 주인공인 것만큼은 틀림없습

니다. 다만 그렇다는 걸 모를 따름입니다. 너무 황감해서 누리든, 욕계 색계 무색계든 주인공 안 하겠다고 도망친다 해도 소용없어요. 도망치는 그 놈이 누리의 주인공인데 어쩌겠습니까? 그러나 이놈을 딱 인정하는 데는 크나큰 용맹심[大勇猛心]이 없어서는 안 됩니다. 소소하게 가죽주머니 속에 들어앉아서는 안 되는 것이거든요.

우리의 누리의 주인공 이 자리는 모습이 있는 것도 아니지만 모습을 나투려면 얼마든지 나툽니다. 이 자리는 이적(理的)인 자리고, 원적(圓寂)한 자리고, 무시무종(無始無終)한 자리입니다. 그런 자리라서 아무 모습이 없어요. 아무 모습이 없지만 나투려면 얼마든지 나툽니다. 이걸 나투려면 이걸 나투고, 저걸 나투려면 저걸 나투고, 무정물을 나투려면 무정물을 나투고, 유정물을 나투려면 유정물을 나툽니다.

우리가 일승 도리를 공부하는 것은 완전한 누리의 주인공이 되려고 하는 것이지 다른 게 아니에요. 남이 만들어 놓은 극락세계, 권도로 만들어 놓은 것, 실답지 않은 것, 그런 데 가서 의탁하려고 이 공부 하는 것은 절대로 아니거든요. 이 공부해서 의탁하려고 하면 다른 데 가서 해야 됩니다.

원명(圓明)한 이 자리는, 그야말로 법주는 물론 아무 것도 없지만 나투려면 나툴 수 있습니다. 또 삼천대천세계의 주인공도 아무 것도 없지만, 나투려면 천 가지 만 가지로 나투어요. 꼭 같은 몸을 천도 나투고, 만도 나툴 수 있어요. 무정물도 나투고 뭐도 나툴 수 있어요. 이 이(理)적인 자리에서 태양도 나오고 지구도 전부 나온 겁니다. 온 우주의 삼라만상이 다 여기서 다 나온 거예요. 이 이(理)가 없으면 사(事)는 이루어지지 않는 겁니다.

이(理)를 하늘에 나투면 사(事)인 하늘이 훤하다는 그 말이 그 말이에요.
이를 성현에 나투면 사인 성현이 똑똑합니다.
이를 돌에 나투면 사인 돌이 둥글둥글합니다. 이 말입니다.
어느 것 하나 이가 없는 것이 없어요. 여기도 전부 이가 잠겨 있거든요.

우리가 이 도리를 알면 어느 것 하나 이(理) 놀음 아닌 것이 없습니다. 원적(圓寂)한 이(理)의 놀음이지요. 그러하니 어찌 이것이 부처가 아니겠는가 이 말입니다. 전부 부처라고 할 수 있어요. 부처는 삼십이상만이 아니에요. 하늘 사람들은 팔십종호라고 하지만, 팔십종호도 이 자리에서 나오는 겁니다.

우리가 하늘땅의 임자로 본다고 하면 복덕과 지혜[福智]에서 나온 겁니다. 복지와 이(理)가 둘 아니거든요. 몸은 그림자로 나툰 겁니다. 몸은 사(事)이고, 복지는 이(理)에요. 이가 없으면 사는 이루어지지 않고, 사(事)가 없으면 이(理)의 살림살이가 이루어지지 않습니다. 그렇기 때문에 이와 사를 하나로 보는 겁니다.
이와 사를 하나로 보면 부처 아닌 것이 없어요.
어느 것 하나 진리 아닌 것이 없습니다. 진리가 곧 부처니까요.

그러니 본래 성현 범부가 따로 있는 것이 아니고, 본래 유정 무정이 따로 있지 않습니다. 성현이니 범부니 무정이니 유정이니 다 명자(名字)에 지나지 않아요. 명자는 실다운 것이 아닙니다. 권도예요.

하지만 부처님은 권도가 아닙니다. 부처님은 실다운 것이거든요. 삼십이상은 실다운 것이 아닌 권도입니다. 그러나 지구 사람들은 삼십이상을 부처로 알고 있어요. 권도를 부처로 알고 있단 말입니다. 권도가 부처가 될 수 있나요?
우리의 법신(法身)은 권도가 아닙니다. 우리의 법신은 실다운 겁니다. 색신(色身)이 권도입니다. 색신이 권도면 삼십이상(三十二相)도 권도 아니겠어요?
그러나 사람들은 저마다 부처를 보는 것이 다 다릅니다. 마음은 하나지만, 그 지혜에 따라 사람들은 부처를 이렇게도 보고 저렇게도 봅니다.
자 그러면 한번 생각해 보세요. 여러분은 부처를 어떻게 보겠습니까?

목적을 어디에 두고, 부처를 어떻게 봐야 되겠느냐 이 말이에요. 이거 내가 묻지 않아도 알 겁니다. 그러나 슬기가 약한 사람은 겁을 냅니다. 겁이 나서 쩔쩔 매는 그놈이 바로 누리의 주인공인데, '아이고 난 누리의 주인공 안 된다' 하고 맙니다.

그럼 무엇이 좋을까요? 후세에 극락세계 쯤 가는 게 좋겠다고요? 여러분이 그런다면 나는 울고 싶어요. 여러분이 그러기 때문에 내가 늘 삼천리강산의 불상(佛像)을 전부 없애 버리자고 말하는 겁니다. 불상은 골동품으로 놔두면 족해요. 불상 때문에 사람들 다 버리겠어요. 우리는 진짜 부처를 대하자 그 말입니다. 우리에게는 삼십이상도 부처가 아닙니다. 부처는 모습이 아니기 때문이죠. 팔십종호도 마찬가지, 모습에 불과합니다.

그러면 누리의 주인공인 우리는 무엇인가?
우리는 복덕이 원만한 누리의 주인공으로서 일승보살(一乘菩薩) 지위입니다. 그래서 화장세계(華藏世界)에 앉아서 설법하는 법주인 완전한 부처입니다.
어떻게 이렇게 될까요? 전부 마음 씀씀이로 되는 겁니다. 그러니 기왕이면 우리가 마음을 쓸 때 모든 걸 알아서, 참으로 원대한 사고방식을 가지고서 공부를 해야 되지 않겠느냐 이 말입니다.

벌써 원대한 사고방식을 가지고서 공부하겠다는 태도가 잡힌 사람은 달라요. 스스로는 그런 줄 몰라도 벌써 다르거든요. 몇이라도 좋아요. 나는 사람 많이 오는 것도 귀찮습니다. 정말로 공부할 사람 있으면 둘도 좋고 셋도 좋다는 그 말이 그 말이에요.

내가 '누리의 주인공'과 '동업보살의 서원'을 여러분에게 인식시키려는 이유가 어디 있느냐?
'누리의 주인공' 거기 있거든요 누리의 주인공 거기 있어요. 우리가 이적(理的)으로 나가는데 참말로 다부지게 달려들어서 누리의 주인공이 되겠다고 하는 사람은 별로 없단 말이여.
오늘 설법 중에 어떤 부인이 쿵하고 자기 가슴을 치더군요. 깜짝 놀랐어요. 그 부인 나중에 한참을 울고 갔습니다. 그러니까 결국 우리는 이렇게 쓰나 저렇게 쓰나 마음을 쓰고 있거든. 같은 값이면 다홍치마라. 같은 값이면 누리의 주인공을 향해서 나아가자 그 말입니다. 세세한 데 들어앉지 말자 말이여. 사소한 데 들어앉으려면 예배당이나 가고 절에 가서 염불이나 하는 게 나아요.

그런데 누리의 주인공을 향해 가자는 이 말이 너무 큽니다.
삼십이상도 팔십종호도 다 때려 엎고 들어가는데, 세상에 불가(佛家)에서 그런 법이 어디 있나요? 스님들에게 물어봤습니다.

"자네들 이런 설법 들어봤는가?"
"못 들어봤습니다."

그리 답하기에 그런가 보다 했지만, 어쨌거나 공부하려면 다부지게 나서야 됩니다. 뭐 세세한 그 까짓 거, 나중에 안 난 셈 치면 그만 아닌가요?

참말로 하려면 구슬을 꿰든지, 안 되면 그만 포기해 버리면 그만 아니라? 그까짓 거 안 난 셈 잡지. 그렇게 해야 공부가 되는 거예요. 이 가죽주머니도 살리고 어쩌고 하다보면 턱도 없어요. 안 되는 겁니다.

다시 말하지만 이 원적(圓寂)한 자리가 여러분의 바탕입니다. 바로 부처 자리예요. 그 자리에서 천 가지 만 가지를 나툽니다. 그 자리에서 나무도 나툴 수 있고, 돌멩이도 거기서 나오고, 모래도 거기서 나오고, 사람도 거기서 나옵니다. 잘난 거 못난 거 전부 거기서 나오는 거예요. 그렇다면 부처 굉장하지 않은가요? 욕계에서 그렇지만 사실 그 이상입니다. 이 욕계를 떠나서 색계, 무색계의 다른 세계에서는 굉장한 모습놀이가 시작돼요. 전부 원적한 그 자리에서 나오는 겁니다. 여러분 공부한다는 것도 그 자리에서 나오는 거예요.

그 자리에서 나온다는 것이 딱 인정된다면,

마음가짐새를 크게 가집시다.

신(信)을 크게 가집시다.

원(願)을 크게 세웁시다.

원을 크게 세우는데 돈이 드는가요? 신을 크게 세우는데 돈이 드는가요? 돈 한 푼 안 들어요.

그러니 우리는 동업보살(同業菩薩)을 전제로 하고, 하늘땅의 임자로서 공부해야 합니다. 법주(法主)를 인정해도 됩니다. 되는 거예요. 이것이 안 되면 불법은 사도(邪道)입니다. 그러면 우리는 불법은 다른 곳에 있는 부처님들에게 양보해 드리고 다른 공부해야 됩니다. 우리가 어떻게 하면 좋은 심부름꾼이 될 수 있을까? 이런 거나 공부해야 됩니다. 이렇게 심부름하면 부처님이 좋아할 거고, 저렇게 심부름하면 싫어할 거다 하는 그런 거나 연구해야 됩니다. 그러나 우리가 부처가 되고자 한다면 그게 무슨 소용입니까? 우리가 부처님 비위 맞추려고 공부하는 것 아니잖아요. 과학적으로 되는 거예요.

여러분 생각해 보세요. 여러분은 원래 그 자리를 다 가지고 있는데, 중생들은 모습이 있기 때문에 몸에 들어앉습니다. 모습에 들어앉았기 때문에 이 환토(幻土), 꼭두각시의 땅을 나라로 삼아요. 게다가 미국이다 영국이다 하면서 서로 전쟁까지 합니다. 꼭두 중의 꼭두, 꿈 가운데 꿈인데 말이죠.
그렇지만 여러분의 법신(法身), 무정물을 끌고 다니는 그 법신은 슬기를 고향으로 삼는 법입니다. 슬기를 국가로 삼는 법이에요. 그런데 여러분에게는 이게 실감이 오지 않습니다. 국가라 하면 산도 있고 물도 있어야 한다는 생각에 들어앉아 있으니까 그래요. 슬기가 바로 여러분의 고향인 줄 알아야 합니다. 슬기가 바로 여러분의 나라인 줄 알아야 해요. 이렇게 아는 것이 일승법(一乘法)이고 구경위(究竟位)입니다.

사실 여러분은 허공중(虛空中)에 있습니다.
여러분은 몸뚱이가 있기 때문에 지구에 의지하고 있지만, 사실로 여러분의 법신은 허공중에 있거든요. 나도 허공중에 있습니다. 허공중에서 허공놀이 하고 있어요. 우리의 법신이 빛깔도 소리도 냄새도 없기 때문에 보이지 않을 따름입니다. 사람들에겐 이 몸뚱이만 보이기 때문에 자꾸 육신 속에 들어앉는데, 이렇게 해서는 생사문제가 해결되지 않아요.

몸은 사(事)적으로 나툰 것 아닌가요?
사적으로 나툰 것은 거짓인데, 어떻게 이 몸을 생겨났다고 할 수 있겠습니까? 아까 허공놀이라고 하지 않았던가요? 지금 여러분의 몸뚱이도 물론 허공성이지만 거짓 이루어진 것이에요. 또 나중에 죽는 것도 거짓으로 죽는 겁니다. 아무 것도 모르는 사람들은 이걸 생사(生死)로 봐요.
그러나 도인(道人)들은 그렇게 보지 않습니다. 이걸 삼매(三昧)로 봐요. 묘용(妙用)의 도리로 봅니다. 아주 즐거운 열반(涅槃)으로 보는 거예요. 왜 그러느냐? 사실로 늙은 몸 바꿀 수 있으니까 얼마나 다행한 일인가요? 만약 몸을 바꿀 수 없어서, 한 몸뚱이를 갖고 천 년이나 만 년이나 그대로 산다고 하면 어떻게 될까요? 몸뚱이 끌고 다니는 일이 이만저만 고역이 아닐 겁니다.

그러하기 때문에 난것은 난 것이 아니에요. 헛것이 나툰 거죠. 몸뚱이 이건 무정물이지만, 몸을 끌고 다니는 그 자리는 원적(圓寂)한 자리예요. 원적한 자리가 나는 것이 어디있나요? 이런 몸을 나투었을 뿐이에요.
또 몸이 죽었다고 합시다. 몸은 죽는다고 하지만 원적한 자리는 죽으려야 죽을 것이 없습니다. 원적한 자리는 죽는 것이 아니란 말이에요. 그렇기 때문에 나는 것은 나는 것이 아니고, 죽는 것은 죽는 것이 아닙니다.

나는 건 나는 것이 아니고 죽는 것은 죽는 것이 아닌데, 무엇이 있어서 모습의 생사를 쓸까요? 헛것을 나툴 수도 있고 없앨 수도 있는 그 자리, 생사의 앞 소식, 앞 소식이 있기 때문에 나투기도 하고 없애기도 한다는 말입니다. 그 앞 소식이 바로 원적한 자리거든요. 이 앞 소식은 이것뿐 아니라 다른 것도 나툽니다. 돌도 나투고, 다 나툽니다. 또 인연에 따라서 제멋대로 굴러다니는 것도 그 이(理)가 있거든요.
세상 사람들은 이 몸을 자기 소유물로 알지만, 소유물이 아닙니다. 자기 소유물 같으면 자기 마음대로 할 수 있게요? 관리물입니다. 그런데 마음을 잘못 써서 관리물인 이 몸이 형무소에 들어가면,

부처도 같이 들어가나요? 부처는 같이 들어가는 게 아닙니다. 부처는 가는 것도 아니고 오는 것도 아니라. 원적한 자리입니다. 단지 괴로우면 괴로운 걸 알고, 즐거우면 즐거운 걸 알 뿐입니다. 지옥에 가서 고통을 받으면, 고통 받는 걸 알 따름이지, 부처님이 지옥에 가는 것은 아닙니다.

그 이(理), 부처를 바탕으로 지옥도 이루어집니다. 지옥도 하나의 환상세계입니다. 그러나 괴로움을 아는 그놈은 괴로움이 없어요. 괴로운 줄 아는 그 놈은 머리털만큼도 손상이 안 되는 겁니다. 그런데 이 도리가 좀 어렵습니다. 이 도리를 깨달으려면 육신을 탈피해야 합니다. 가죽주머니 이 몸에 들어앉아서는 천 년 만 년 해본들 안 돼요. 그냥 염불하는 것이 낫습니다. 하지만 여러분 염불해서 잘 돼봤자, 낙토에서 잘 살다가 또 다른 데로 가기도 하는데, 그까짓 거 몇 푼어치나 돼요?

그러니 우리는 대담하게 큰 믿음[大信]을 발동해야 합니다. 이왕 불문에 들어왔으니 같은 값이면 다홍치마라.
"후 세상에 천석꾼이 되게 해 주소. 후 세상에 극락세계에 가게 해 주소." 극락세계 가면 어쩔 거여? 남이 만들어 놓은 극락세계 가면 셋방 차지밖에 더 해요? 권도로 이뤄진 극락세계를 진짜로 알고, 가서 아미타불 쫓아낼 수 있으면 극락세계 가도 좋아요. 하지만 아미타불은 자기 서원대로 극락세계를 만들었는데, 어떻게 아미타불 쫓아내고 극락세계 들어앉지요? 안 되는 이야기니 그런 세세한 것은 치우란 말입니다.

오막살이라도 좋으니 내 집 짓고 들어앉을 요량을 해야 합니다. 그러기 위해서는,

대신(大信)을 발동해야 됩니다. 크게 믿는 것,

대원(大願)을 발동해야 됩니다. 큰 원을 세우는 것.

대지(大智)를 발동해야 됩니다. 큰 철을 발동하는 것.

철[智]을 발동해서 그 목적을 어디에 둬야 하느냐? "나는 누리의 주인공이 되겠소!" 하고 마음먹어야 합니다.

그러면 내가 누리의 주인공이란 사실이 나중에 알아집니다. 사실은 지금의 여러분들이 누리의 주인공이에요. 누리의 주인공이지만 누리의 주인공 노릇을 못하고 있을 뿐이에요. 여러분은 지금 배우(俳優)거든요. 여러분이 누리의 주인공인데 중생 탈을 뒤집어쓰고 중생 짓을 하고 있어요.

그 놈의 중생 탈만 벗어 던져버리면 그대로 누리의 주인공입니다. 그러면, 여기 가려면 여기 가고, 저기 가려면 저기 가고, 여기 나투려면 여기 나투고, 저기 나투려면 저기 나투고, 아무 문제 없어요.

그런데 중생 탈을 뒤집어써 놓으니 '이것뿐이다, 내가 전부다' 하면서 지구덩어리에만 앉아서 중생짓을 하고 있는 거예요.

그러다가 지구 깨지면 어쩌려고? 지구 이거 생긴 지가 오십육억 년 밖에는 안 되지만 머지않아 깨질 텐데 깨지면 어디로 갈 겁니까? 사실 이까짓 것 지구나 태양이 없어진다고 해 봤자 눈썹 하나 빠진 것밖에는 안 됩니다. 그러나 우리가 모습놀이에 젖어서 들어앉아 놓으면 이건 절대 큰 문제입니다.

앞서 말했듯이 부처는 생과 사를 삼매로 알고, 묘용(妙用)의 도리로 압니다. 원명(圓明)한 그 자리 그대로 삼매이고, 났다 죽었다 하는 것은 그 자리가 굴리는 살림살이거든요. 그러나 중생들은 정말로 났다 죽었다 하는 줄로만 알고 있어요. 그렇기 때문에 범부(凡夫)들은 생사에 쓰여요. 생사는 거짓이고, 환상놀이에 지나지 않는데 범부 중생들은 그냥 거기에 쓰여 버리는 겁니다. 성현(聖賢) 쯤 되면 생사와 계합(契合)[8]을 해요. 생사를 싫어하지도 않고, 좋아하지도 않으면서 계합합니다. 그러나 대도인 쯤 되면 생사를 그대로 씁니다.

오늘 아침에 들었는데, 어떤 부인이 앉아서 돌아갔답니다. 말을 전해준 사람의 친구 모친인데, 목욕물 데우라 해서 목욕하고, 옷 가져오라 해서 갈아입으셨대요. 밥상을 가져와서 "어머니, 아침 드세요" 하고 보니, 이미 앉은 채로 돌아가셨더랍니다. 세상에

---

8 사물이나 현상이 서로 꼭 들어맞음. 보조스님은 진심직설(眞心直說)에서 수행의 단계를 앎[知], 체험[體], 계합[契], 씀이[用]로 나눴다.

그런 사람도 있어요. 진짜로 공부하는 사람들은 그럽니다. 앉아서 가요. 앉아서 가는 것 그거 삼매(三昧)입니다. 살림살이에요. 그러나 아무 것도 모르는 사람들은 죽었다고 합니다. 죽긴 뭘 죽어요? 이 무정물이 죽었다 그 말인가요? 무정물이 그 전에는 안 죽었는가요? 한 살 먹을 때 죽고 열 살 스무 살 먹을 때 죽고, 계속 죽었었는데, 그 때 죽었을 때는 어쩌고 지금 그 몸을 죽었다 하는 겁니까? 다 모르기 때문에 그러는 거예요.

어쨌든 생사(生死)라 하는 것은 우리의 놀음놀이에요.
여러분 법신의 놀이라고 생각하세요. 사실로 법신의 놀음놀이고, 생사가 아니거든요. 태평양 물이 하나인데 물거품이 생겨났다고 해서 난 게 아니고, 물거품이 사그라졌다고 해서 죽는 것이 아니거든요. 물거품이 나타났다가 사그라졌다 이거 한가지에요. 이제 이만큼 여러분에게 말했으면 생사가 물거품이나 한가지라는 것을 아시겠지요? 그러면 생사가 물거품이니까 물은 있지 않느냐? 물은 있는 것이거든요. 물은 하나이고 물거품은 두 개입니다. 생(生)의 물거품이다, 사(死)의 물거품이다 두 개의 모습을 나투지만, 그 뿌리인 물은 하나이지 않습니까? 그럼 이 도리를 여러분들이 알면 그 때는 어떻게 되느냐? 그만 인생문제가 해결됩니다. '아하, 그렇구나!' 하면서, 생사 문제가 해결돼 버립니다.
그러니까 우리는 헛것인 이 몸뚱이, 물거품과 같은 데에 들어앉아서 이걸 딴 세상처럼 절대로 생각하지 말자 이겁니다. 그렇다면 '이거 지금이라도 당장 없애버릴까?' 하고 생각할지 모르겠지만 없앨 필요가 없습니다. 이건 이대로 잘 써야 해요. 원적한 우리 법신 자리는 헛것을 나투도록 돼 있어요. 가짜를 나투도록 돼 있어요.

가짜를 나투어야 진짜 살림살이가 됩니다.

가짜를 나투지 않으면 진짜의 살림살이가 이루어지지 않기 때문에 가짜를 나투도록 되어 있는 겁니다. 그러기 때문에 인연이 있는 동안에는 가짜를 잘 굴리다가 인연 다하면 착착 내버리는 겁니다. 가짜인 육신을 버릴 때에는 그 놈이 불구덩이 가서 청산을 하든지 흙구덩이 가서 청산을 하든지, 그것도 내가 알 필요 없어요. 나는 내 뜻대로 내 마음대로 다시 다른 몸을 받습니다. 다른 몸을 받아서 다른 세계를 이루는 거예요.

그렇게 다른 몸을 받으니 김가가 죽어서 박가 집에 태어나기도 하고, 박가가 죽으면 이가 집에 태어나기도 하는 겁니다. 어떤 사람은 죽어 축생도에 떨어지기도 하고, 또 누구는 죽어 하늘에 나기도 합니다. 그 사람의 마음 씀씀이에 따라서 그렇게 갈라지는 겁니다. 이 세상의 인연이라는 건 육신(肉身)의 인연뿐입니다. 자식도 그렇고 부모도 그렇고 형제간도 다 그래요. 육신의 인연뿐입니다. 이 육신을 딱 버리면 자기 취미대로, 하늘에 갈 사람은 하늘에 가고, 이 세상에 다시 올 사람은 이 세상에 옵니다. 다른 세계 갈 사람은 다른 세계 가서 나고, 축생계에 갈 사람은 축생계에 가는 거예요. 지옥에도 갑니다. 전부 갈라지는 겁니다.

그러나 다시 나중에 어떤 모습을 나투어서 다시 봐도 서로 몰라요. 아버지 됐던 사람도 모르고, 어머니 됐던 사람도 모르고, 자식이었던 사람도 모르는 법이에요.

10장

보림삼강,
네 가지 큰 다짐

우리는 불도를 바탕으로 인생의 존엄성을 선양한다
우리는 삼계의 주인공임을 자부하고 만법을 굴린다
우리는 대승의 범부는 될지언정 소승의 성과는 탐하지 않는다

'우리는 불도를 바탕으로 인생의 존엄성을 선양한다'
천 가지 만 가지의 생각을 내는 그 자리가 존엄한 자리 아닙니까?
설혹 나쁜 생각을 가지고 경계와 타협해서 휘둘릴지언정, 휘둘리는 그 마음과 그 마음을 일으키는 자리가 다르겠습니까?
그 자리가 바로 절대의 자리, 존엄한 자리입니다.

석가세존은 이 자리를 '천상천하 유아독존(天上天下 唯我獨尊)', 즉 '하늘 위와 하늘 아래 오직 나 홀로 높다'고 말씀했어요. 그러하니 이 존엄한 자리는 몸을 중생으로 나투었거나, 중생 중에도 축생으로 나투었거나 어쨌든 간에 미련한 생각도 쓸 수 있는 그 자리입니다. 하지만 미련한 생각으로는 모습을 좋게 굴리지는 못합니다. 그러나 좋게 굴려야 되지 않겠습니까?

'우리는 삼계의 주인공임을 자부하고 만법을 굴린다'
우리는 이 자리가 삼계의 주인공임을 자부해야 합니다. 그렇게 자부심을 갖고 만법을 굴리자는 거예요. 참으로 이거 좋지만 얘기가 너무 높지요? 너무 높아서 우리하고는 인연이 없는 것 같지만 그런 것 아니거든요.

죽어도 내가 죽고 살아도 내가 살아. 부처가 되도 내가 되는 거예요. 범부가 되도 내가 되는 것이고, 축생의 몸을 받아도 내가 받는 겁니다. 딴 사람 누가 내 대신 받는가요? 가만히 생각해 보세요. 그러니 존엄성 자리, 삼계의 주인공 자립니다. 설혹 모습은 보기 싫은 축생 몸을 받았다 할지라도 그 모습을 끌고 다니는 자리는 삼계의 주인공이에요. 주인공이기 때문에 그런 모습을 나투어서 끌고 다니는 거예요. 삼계의 주인공이 아니라면 어떻게 그리하겠습니까? 그렇기 때문에,

'우리는 대승의 범부는 될지언정 소승의 성과는 탐하지 않는다'
까딱 잘못하면 우리나라에 대승법이 없어질는지도 모르겠습니다. 대승이라는 말만 가지고 있어요. 가만히 보면 말하는 것이 벌써 이승도리에요.

소승의 성과 좋습니다. 무슨 말이냐? 모습놀이 좋아요. 좋은 모습, 집도 참 잘 지어놓고, 경치도 좋은데다, 음식 같은 것도 마음대로 먹을 수가 있고 돈도 있어요. 그게 바로 성과입니다.

불교를 믿든 안 믿든 이 세상에 몸을 나툽니다. 그런데 부자로 나퉜어요. 좋은 집 짓고 잘 사는 사람들은 전생에 그만큼 인(因)을 심은 겁니다. 금생에 와서 공부를 하지 않는다고 할지라도 전생에 심은 인에 대한 과(果)로 잘 사는 것이지요. 그러나 그건 소승의 성과이니, 그런 성과를 우리는 탐내서는 안 된다 그 말이에요.

우리는 청정심(淸淨心)을 가지되, 청정한 마음을 가지는 것만이 능사가 아니고 행을 해야 합니다. 나는 공부하는 사람들에게 '그 행을 한 번 시험 해 보라'고 권하고 싶습니다. 시험하는 데는 방편이 많아요. 때에 따라서 방편이 달라집니다. 이렇게 시험해서 조금이라도 내게 아까운 생각이 있다든지, 미련한 생각이 있다든지 하면 아직까지도 탐진치(貪瞋癡)의 뿌리가 뜻 가운데 그대로 서려 있다는 것을 알 수 있습니다. 그런 줄 알면 당장 고칩니다.

공부도 내가 하는 겁니다. 부처님이 내 대신 해 주는 것이 아니에요. 그러니 우선 한 번 시험해 보세요. 꼭 그렇게 해야 합니다. 그렇게 하지 않아도 누리의 주인공은 주인공입니다. 하지만 그리해야 비로소 내가 누리의 주인공이라는 걸 딱 자각하게 됩니다. 어쩔 도리가 없어요. 그러니까 이 공부가 어렵다면 참으로 어려운 공부지요. 그러나 '대치법(代治法)으로 행한다면(행은 내가 하는 것이지 다른 사람들이 하는 것이 아닙니다) 그렇게 어려운 것도 아니라는 결론이 나는 겁니다. 대치법이 있기 때문에, 어렵긴 어려운데 어렵지 않다는 말이에요.

청정심(淸淨心)을 가지고 그대로 청정행(淸淨行)을 하면서 쭉 나아 간다면 나중에 그것이 인(因)이 됩니다. 그렇게 하다보면 꿈속에도 결국 그런 꿈이 나와요. 우리가 몸을 버려도 결국 그러한 사고방식이 나와요. 그러면 그 사고방식대로 가서 우리가 새로운 탈을 뒤집어쓸 것 아니겠습니까?

우리가 꿈을 꿀 때 꿈꾸는 줄 모른다 해도 걱정할 필요가 없어요. 청정심을 가지고 청정행을 닦아나가면 그것이 바로 공부입니다. 청정행을 하는 것 이것이 그대로 공부이고, 공부 중에도 굉장히 단수가 높은 공부입니다.

네 가지 큰 다짐

가없는 중생을 기어이 건지리다 ^{중생무변 서원도}[衆生無邊 誓願度]

끝없는 번뇌를 기어이 끊으리다 ^{번뇌무진 서원단}[煩惱無盡 誓願斷]

한없는 법문을 기어이 배우리다 ^{법문무량 서원학}[法門無量 誓願學]

위없는 불도를 기어이 이루리다 ^{불도무상 서원성}[佛道無上 誓願成]